W0356824

ZORLUKLARA KARŞI

KENDİNİ ATEŞLE

Cengiz Erşahin

ZORLUKLARA KARŞI KENDİNİ ATEŞLE

TUTKU YAYINEVİ ©

Editör : Kıvanç Ertuğrul
Kapak Tasarımı : Aykut Şahinakman
Resimleyen : İlgin Balcı
Baskı : Korza Basım (312) 384 19 67
ISBN : 978 – 9944 – 0901 – 1 - 7

1. Basım : Kasım 2007
167. Basım : Mayıs 2009

TUTKU YAYINEVİ
Şehit Mustafa Doğan Sk 92/1 Çankaya - Ankara
Tel (312) 442 73 95 - (532) 436 71 25

DAĞITIM
Dost Dağıtım (312) 430 48 95
Alfa Dağıtım : (212) 511 53 03
İnternetten Sipariş : www.kitapdenizi.com

TEMSİLCİLİKLERİMİZ
İzmir : Pan Kitabevi, Aykut Yenersu, Tel: (232) 369 11 99
Bursa : Alp Dağıtım, Orhan Yalçınkılıç, Tel: (224) 223 01 19
Adana : Bilgi Dağıtım, Gökhan Çelik, Tel: (322) 432 27 60
Samsun : Fil Kitabevi, Mustafa Apaydın Tel: (362) 233 95 61
Diyarbakır : Urartu Kitabevi, Mahmut Erdinç, Tel: (412) 223 10 12
Elazığı : Batı Kitabevi, Hanifi Batı, (424) 237 69 71

© 2007 Cengiz Erşahin
Eserin tüm yayın hakları Cengiz Erşahin'e aittir.
Yazılı izin olmadan kısmen veya tamamen hiçbir yolla kopya edilemez, çoğaltılamaz ve dağıtılamaz.

www.cengizersahin.net

İçindekiler

Cengiz Erşahin

26 Mart 1969 günü Sidney'de (Avustralya) doğdu. İlköğrenimini Sidney'de tamamladı. Orta öğrenimine Ankara'da devam etti. ODTÜ Metalurji Mühendisliği bölümünü bitirdikten sonra tekrar Avusturalya'ya gitti ve işletme mastırını tamamladı. 1,5 Yıllık iş deneyiminden sonra Türkiye'ye döndü. Türkiye'nin sayılı firmalarında mühendislik ve satış konularında çalıştı. Kendi işini kurup yönetti. Aynı zamanda kişisel gelişim kültürüne yöneldi.

2004 yılında yayınlanan "Kafesin İçerisindeki Hayat" adlı kitabı 3 ay boyunca en çok satan kitaplar arasında yer alıp 45. baskısını yapmıştır.

Cengiz Erşahin'in diğer eserleri arasında,

Coşkuyla Yaşamak,

Başarıya Götüren Sözler,

Tutkuyla Yaşamak,

Gerçek Sır,

Stres, Kendine Güven, Mücadele Ruhu,

Zorluklara Karşı Kendini Ateşle,

Başarı Öyküleri,

Cesaret Veren Öyküler

bulunmaktadır. Yurt dışında ve Türkiye'nin dört bir tarafında birçok kamu kurumuna ve özel sektörün önde gelen kuruluşlarına seminer vermiştir. Seminerlerine sadece son bir yıl içerisinde 183,000 kişi katılmıştır.

www.cengizersahin.net

BİN AYNALI TAPINAK

Hindistan'da yüksek bir dağın doruğuna yapılmış 'Bin Aynalı Tapınak' adlı görkemli bir tapınak vardı. Günlerden bir gün bir köpek dağa tırmandı ve tapınağın merdivenlerinden çıkarak 'Bin Aynalı Tapınak'a girdi.

Tapınağın bin aynalı salonuna geçtiğinde bin tane köpek gördü. Korkarak tüylerini kabarttı; kuyruğunu bacaklarının arasına sıkıştırdı; korkutucu hırıltılar çıkartarak dişlerini gösterdi. Ve bin köpek de tüylerini diktiler, kuyruklarını bacaklarının arasına alıp korkunç sesler çıkartıp dişlerini gösterdiler. Köpek paniğe kapılarak tapınaktan kaçtı. Ve o andan itibaren bütün dünyanın tehlikeli, korkunç köpeklerle dolu olduğuna inandı.

Bir süre sonra bir başka köpek gelip dağ tırmandı. O da tapınağın merdivenlerinden çıkıp 'Bin Aynalı Tapınak'a girdi. Tapınağın bin aynalı salonuna geldiğinde bin tane köpekle karşılaştı ve çok sevindi: Kuyruğunu salladı; neşeyle oradan oraya zıpladı ve köpekleri oynamaya çağırdı. Bu köpek tapınaktan çıktığında dünyanın dost ve sevecen köpeklerle dolu olduğuna inanıyordu.

Düşüncelerinize Dikkat Edin

Hayattaki seçimlerimiz bize aittir. Ama her şey kontrolümüzde değildir. Bir şey hariç; düşüncelerimiz. İnsanlar bize fiziksel olarak zarar verebilirler, paramızı ya da eşyalarımızı çalabilirler, ama bizim iznimiz olmadan asla düşüncelerimizi değiştiremezler.

Ne düşündüğümüze sadece biz karar veririz ve düşüncelerimizin kalitesini yükseltmek için yapacağımız her şey doğal olarak hayatımızın kalitesini de yükseltir.

İnanmak, bir şeyin nasıl olduğu konusunda emin olmaktır ve tamamıyla kendi bakış açımıza göre oluşur. Bazen düşüncelerimizi sorgulamadan ya da yargılamadan birkaç kez düşündükten sonra onları gerçekmiş gibi kabul ederiz.

Bütün geleceğimiz, zihnimizde oluşturduğumuz alışkanlıklara, yani inançlara bağlıdır. Neye yürekten inanırsak, hayatımıza çekmeye başlarız. İnancımızın gerçekle bir ilgisinin olması ya da bir hayal ürünü olması bu sonucu değiştirmez.

Farklı olayları ve insanları hayatımıza çekmek istiyorsak, düşüncelerimizi değiştirmemiz gerekiyor. Sahip olduğumuz düşünceler bizi bugün bulunduğumuz yere getirdi. Yarın daha farklı bir yerde olmak istiyorsak, düşüncelerimizi değiştirmemiz gerekiyor. Düşünceler, bir mıknatısın enerjisi gibi kendisiyle uyuşan durumları ve insanları bize doğru çeker.

Hayatımız düşüncelerimizi takip eder. Zihnimizde neyi düşünürsek, aniden o yönde ilerlemeye başlarız. Düşüncelerinizi sert bir şekilde sağa ya da sola çevirirseniz, hayatınız ve tecrübeleriniz birden o yönde gelişmeye başlar. Düşüncelerin doğaüstü bir gücü vardır.

Evinizde büyük bir fare olduğunu fark etseniz, 'Şu gazeteyi bitireyim.' ya da 'Bugün çok yorgunum, onunla yarın ilgilenirim.' demezdiniz, değil mi? Hemen yerinizden fırlardınız. Kendiniz durumu çözemiyorsanız, birisinden yardım alırdınız. Yani bir şey yokmuş gibi davranıp gazetenizi okumaya devam etmezdiniz.

İşte biz de bu olumsuz düşüncelere karşı bir an önce harekete geçmeye başlamazsak, bir süre sonra, 'Benim geleceğim yok, hiçbir şansım yok.' demeye başlarız.

Şu anda aklınızdan neler geçiyor? Kendiniz ve geleceğinizle ilgili olumsuz şeyler mi? Neden şans bana gülmüyor diye mi düşünüyorsunuz?

Olumsuz düşünceleri, olumlu düşüncelerle yer değiştirin. Tam tersini düşünmeye başlayın. Geçmişiniz eksilerle dolu ise, geleceğinizin artılarla dolu olacağını düşünün.

Kaybediyorsanız, 'Zafer benimdir!' deyin. Sabah uyandığınızda, o bütün olumsuz düşünceleri silip atın. İçiniz sizinle değil, siz içinizle konuşun.

Durum ne kadar kötü görünürse görünsün, ne hissederseniz hissedin, her zaman olumluyu düşünün ve konuşun.

Bazılarınızın, 'Cengiz hocam, sen benim hayatımı bilmiyorsun, olumlu hiçbir şey yok. Hayatımda bana hiç iyi bir şey olmadı. Geçmişim buna müsait değil.' dediğinizi duyar gibi oluyorum.

Problemlerinizin üstesinden gelmenin ve başarmak istediklerinizin imkânsız olduğunu mu düşünüyorsunuz? Unutmayın, hayatınız düşüncelerinizi takip ediyor.

5 yıl kötü geçtiyse, en azından bunu konuşarak dolaşmayın. Konuşmalarınızı olumlu yönde yapmaya başlayın.

Sorunları ve engelleri değil, çözümleri ve fırsatları konuşun. Her evden çıkışınızda fırsatları arayın ve sadece inanın. Birisiyle tanışmanız, bir anda her şeyi tersine çevirebilir, ne kadar imkânsız gibi görünse de. Banka hesabınız ya da kredi kartı ekstreniz pek parlak görünmese de, 'Fırsatların yaklaştığını hissediyorum.' deyin ve bu yönde gerekli adımları atın.

Duygularımız, düşüncelerimize göre şekilleniyor. Sabah kalktığınızda, sizi kıran insanları ya da yaptığınız hataları düşünerek mutlu olamazsınız. Gün boyunca ve yatmadan önce neler düşünüyorsunuz?

Düşünceleriniz doğru yöne gitmeli.

Zihniniz allak bullak ise, hayatınız da allak bullak olacaktır.

Dünyanın en büyük ve güçlü bilgisayarına sahip olabilirsiniz, ama içine virüs girerse, bilgisayarınız yavaşlamaya ve işlemlerde hata vermeye başlar. Bilgisayar kötü olduğu için değil, içine virüs girdiği için.

Olumsuz düşünceler de virüsler gibidir. Virüslerin yalanlarına inanmaya başladık. 'Ben o kadar yavaşım ki, çekici değilim ki, zeki değilim ki, hayatımı değiştiremem. Hiçbir zaman başarılı olamam. Ben buyum ve hayatım da bu.' Böylece o yaşayabileceğimiz hayatı hiçbir zaman yaşayamayız.

Gerekenlere sahip olmadığımızı, geçmişi geride bırakamayacağımızı düşünürsek, düşüncelerimiz haklı çıkar.

Düşüncelerinize dikkat edin, gerçekleşebilirler.

Amerika'nın Teksas eyaletinde bir çiftlikte oturan ailenin 11 yaşındaki çocuğu babası televizyonda maç seyrederken babasından biraz ilgi görmek istiyor. Oyuncak kamyonları üzerindeki yükleri göstermek istiyor. 'Git başımdan.' diyor babası. Birkaç dakika sonra çocuk tekrar kamyonlarını babasına göstermek istiyor. Babası daha da kızarak, 'Neden gidip kendini vurmuyorsun?' diyor. Çocuk salondan dışarı çıkıyor. Bir silah sesi duyuluyor; çocuk kendini vuruyor.

2007 Haziran'ında İstanbul'da yoğun bir seminer programım vardı. Bu seminer programını 32 ilçede yürütüyordum. Her gün bir ilçede iki seminerim organize edilmişti ve her bir seminere yüzlerce kişi katılıyordu. Sabahları seminerin yapılacağı salonu bulmam için bir hayli çaba göstermem gerekiyordu. Oraya vardığımda da seminerde sorun yaşamamak için salonun düzenlemesiyle bizzat ilgileniyordum ve genelde hazırlıklar programın başlangıcından birkaç dakika önce bitiyordu.

Bir akşamüstü kalacağım otele dönerken, bu yoğun seminer trafiğinde arabamın lastiğinin patlaması durumunda başıma gelecekler bir anda aklıma geldi. Arabada seminer için gereken birçok eşya da vardı. Bir sonraki gün tahmin edin ne oldu? Evet, arabamın lastiği patladı.

Bozcaada'da tatil yapan Gökhan Özbek, burada hurda bir araba görünce aklına hemen bir espri geldi. Genç adam arabanın içine girip sağ arka koltuğa oturdu ve ölmüş gibi poz vererek fotoğraf çektirdi. Gökhan tatil dönüşünde bu fotoğrafı arkadaşlarına gösterip şaka yapacak ve 'Trafik kazası geçirdim, öldüm. Bakın bu da ölümün fotoğrafı. Ben aslında bir hortlağım!' diyecekti. Tatil bitti, Gökhan memleketine döndü. Kısa süre sonra gelen Ramazan Bayramı vesilesiyle Gökhan ailesi İzmir'e gitmeye karar verdiler. Otomobili Gökhan'ın babası kullanıyordu. Manisa-Kırkağaç girişinde mola veren aile, biraz dinlendikten sonra tekrar yola koyuldu. Yola çıkalı henüz birkaç dakika olmuştu ki, önlerine aniden bir yaya fırladı. Baba Hikmet Bey direksiyonu kırdı, ama yayaya çarpmayı engelleyemedi. Kazanın etkisiyle Hikmet Bey direksiyon hâkimiyetini kaybetti. Ön cam patladı ve araba dört takla atarak bir hendeğe yuvarlandı. Gökhan tıpkı 7 ay önce şaka olsun diye çektirdiği fotoğraftaki gibi arabanın arka koltuğunda oturuyordu. Görüntüsü ile de fotoğraftakine çok benziyordu. Fotoğraf şakası ne yazık ki, gerçek olmuştu.

Düşüncelerinize dikkat edin, gerçekleşebilirler.

Özgüven

Özgüven, sizin kendinizi değerlendirmenizdir. Başkalarının sizin hakkında ne düşündüğü ya da hissettiği değil, sizin kendi hakkınızdaki duygu ve düşüncelerinizdir. Özgüven, başarısızlığın sebebi ve başarının anahtarıdır.

Sizin kendi hakkınızda ne düşündüğünüz, başkaların sizin hakkında ne düşündüğünden çok daha önemlidir.

Seneca

Yapılan araştırmalar, her yedi kişiden altısının özgüveninin düşük olduğunu ortaya koyuyor. İşe geç kalırız. Sürekli televizyonun başındayızdır, fazla yeriz, anlamsızca uzun uzun sosyalleşiriz, isteksiziz ve hiçbir şey yapmaya enerjimiz yok.

Gördüğünüz rüyalar nasıl? Sürekli olumsuz mu? Bunları yorumlamak için rüya tabirleri kitabına ihtiyacınız yok. Kendinizi mahcup, kaybeden ve boyun eğer bir durumda mı görüyorsunuz? Rüyalarınıza bir karamsarlık ve korku mu hakim? Bu, bilinçaltınızın nelerle dolu olduğunu ve aslında nelere inandığınızı gösteriyor. Bunun üzerinde çalışmanız gerekiyor. Bu zinciri bir yerinden kırmanız gerekiyor. Böyle duygular içerisindeyken hayatınızda yeni bir sayfa açamazsınız.

Kendi hakkımızdaki olumsuz düşüncelerin ve inançların çoğunu bilinçli olarak fark edemeyebiliriz, ama bilinçaltındadırlar ve kendilerini hissettirirler. Bazen kendinizi iyi hissetmezsiniz, ama tam olarak ne olduğuna da bir anlam veremezsiniz.

Kendimizle ilgili hiçbir olumsuz düşünceye sahip olmamanın nasıl bir şey olabileceğini hayal edebiliyor musunuz? Kendimizle ve hayatla barışık olmak nasıl olurdu? Yeniden doğmuş gibi olurduk herhalde. Hayatımız boyunca taşımış olduğumuz bütün yükleri üzerimizden atmış olurduk. Kendimize güvenirdik, kendimizi iyi hissederdik, hayattan keyif alırdık. Kendimizi iyi şeylere layık görürdük. İşimizde daha yükseğe tırmanırdık. Daha iyi bir eş, daha iyi bir anne baba, daha iyi bir çalışma arkadaşı olurduk. Neşe ve mutlulukla dolup taşardık. Bunun için bir şeyin olması gerekmezdi, yaşamın kendisi ve hayatta olmamız yeterli olurdu.

Kendimizin en iyi arkadaşı olurduk. Yalnız kalmaktan korkmaz ve sürekli birileriyle birlikte olma ihtiyacı içerisinde olmazdık. Çünkü sevdiğimiz bir insanla baş başa olurduk.

İnsanlara daha sevecen davranır, sevgi ve saygıyla yaklaşıp, onları kendimize bir tehdit olarak görmezdik. Kendimize değer verdiğimiz için, başkaların da bize değer vermelerini beklerdik ve vermelerini doğal karşılardık.

Annenizden kalan bir vazoyu gözünüz gibi korurdunuz. Çünkü o sizin için değerli olurdu. Kimsenin ona zarar vermesine izin vermezdiniz. Onunla yakalamaca oynamazdınız, oynanmasına da izin vermezdiniz. Oysa kendimize ne kadar kötü muamele yapılmasına izin verdiğimizin farkında değiliz.

Kendinize değer verdiğinizde, kendinizi olumsuz yönde etkileyecek şeyler yapmazsınız, başkalarının yapmalarına da izin vermezsiniz.

Özgüven kazancınızı belirler.

Özgüvenin bir yansıması da, ne kadar para kazanabileceğiniz konusunda kabul edebileceğiniz ya da kendinize uygun gördüğünüz miktardır. Diyelim ki, kendinizi bir milyar kazanırken görebiliyorsunuz, ama üç milyar tamamıyla hayal dünyanızın sınırları dışında. Bu rakamların bir önemi yoktur. Önemli olan kendinize neyi uygun gördüğünüzdür.

Sizin değerinizi kim belirledi?

Geçmişiniz mi? Aileniz mi? Korkularınız mı? 'Senden adam olmaz!' diyen birisi mi?

Bir gün bir balıkçı av malzemelerini ve balık sepetini alarak oltayla balık tutmaya gitmiş.

Gittiği yerde bol şans dilediği diğer balıkçılar hiç balık yakalayamamışlar. Adam 'Ya nasip' diyerek oltasını atmış. Kısa bir süre sonra oltasına büyük bir balık gelmiş; ama adam balığı iğneden kurtarmış ve kendi kendine, 'Olmadı.' diyerek, balığı nehre bırakmış. Kısa bir süre sonra ondan daha da büyük bir balık yakalamış; ama yine 'Olmadı.' diyerek, balığı suya bırakmış. Çevresindeki kişilerin şaşkın ve alaycı bakışları arasında küçük bir balık daha yakalamış. Çevresindekiler, 'Büyükleri beğenmediğine göre bunu hiç tutmaz hemen suya atar.' diye düşünmüşler. Oysa adam balığı iğnede kurtardıktan sonra, 'Oh be!' diyerek, balığı sepetine atmış. Adamın bu garip tavırlarına şaşıran oradaki balıkçılardan bir tanesi dayanamamış ve sormuş: 'Arkadaş; büyük balıkları suya geri atıyorsun, ama küçük balığı sevinçle sepetine koyuyorsun. Bunun anlamı nedir?'

Adam tebessümle cevaplamış: 'Evet, balıklar büyük, ama benim sepetim küçük. Ben sepetime uygun balıkları yakalamalıyım.'

Eğer hayal kırıklığı yaşadıysanız, başka bir hayal kurun. Yere çakıldıysanız, ayağa kalkın ve devam edin. Kapı yüzünüze kapandıysa, başka bir kapıyı zorlayın. Ne yaparsanız yapın hayatın bir köşesine çekilip kendinize acımayın.

Etrafta limitlerinize ulaştığınızı düşünerek dolaşmayın. Bu düşüncelerden kurtulmalısınız. Başkaların başarılarına ve zenginliklerine bakarak 'Ben asla zaman onlar gibi başarılı olamam, onlar kadar kazanamam.' demeyin. 'Bende onlar gibi başarabileceğimi biliyorum!' deyin.

Ailelerinizin başarılarını geçmiş olmanız önemli değil. Her sabah yataklarınızdan sınırlarınızı aşıp ileri gitmek için kalkın. Sadece geriye yaslanıp olanı kabul etmeyin. Başarılı bir aileden geliyorsanız da bayrağı alın ve daha da ileri taşıyın.

Parasal olarak bocalıyor olabilirsiniz.

Bu yılın yükseleceğiniz yıl olmasına karar verin.

Bu yılı hayatınızın en iyi yılı yapın. Düşüncelerinizde bütün bunlar için yer açın.

'Hocam',

'O kadar çok sorunum var ki, her şey o kadar üzerime geliyor ki. Hiçbir zaman borçtan kurtulabileceğimi düşünmüyorum. Bulunduğum çukurdan asla çıkamam.'

'Sanırım hayatımın geri kalanını sağlık sorunlarıyla uğraşarak geçireceğim.'

'Son 10 yıldır hiç sevgilim olmadı. Hiçbir zaman evlenemeyeceğim.'

Şüpheye kapılıyorsunuz. Nasıl olacağını sorguluyorsunuz. Sadece inanın.

Hiçbir yol yokken birden açılabilir.

Her şeye rağmen olabilir. Geçmişinize, başarısızlıklarınıza, eğitiminize, eleştirilere rağmen. Şu anda içinizde oluşan inançların kök salmasına izin verin. O düşündüğün gerçek olabilir, ama eğer inanabilirsen.

'Sadece şu faturalarımı ödeyebilsem.', 'Şunu bir atlatabilsem.' gibi küçük düşünmeyi bırakın artık. Günlük yaşamayı bırakın. Bundan daha iyisini yapabilirsiniz.

Fakirlik içerisinde yüzüyor olabilirsin, ama fakirliğin senin içine girmesine izin verme.

Yıllarca bize 'Ayağını yorganına göre uzat!' dediler. Bir Allah'ın kulu demedi ki, 'Dur gel şöyle ayağına göre bir yorgan dikelim.'

Gerçek fakirlik parasal değildir. Gerçek fakirlik düşüncelerimizin fakirliğidir, inançlarımızın fakirliğidir. Fikirler üretirseniz, bütün kalbinizle inanırsanız, parayı kendinize çekersiniz. Sorun parada değil, sorun her zaman fikirlerde ve inançta. Tek sermayeniz fikirleriniz olabilir. Hiçbir sınır yok, istediğiniz kadar üretim yapabilirsiniz.

Ne zaman yeni bir şeye kalkışırsanız sizi uyarıyorum, içinizden o olumsuz sesler yükselecek. Belki uzman diye adlandırılanlar size hiçbir zaman başaramayacağınızı söylediler; 'Bunun için gerekenler sizde mevcut değil.'

Bu yalanlara inanmayın.

Hayatınızda yolunuza her çıkanı kabullenmeyin.

Siz ortalama olmanız için bu dünyaya gelmediniz.

Hafızanızla değil, hayal gücünüzle hareket edin.

İçinizde Ayakta Kalın.

Belki sizi sürekli aşağıya çeken, size yanlış davranan, sizi kötü hissettirmeye çalışan insanlarla birlikte çalışıyorsunuz. Sizi yıkmaya çalışıyor olabilirler. Bırakın bunlar bir kulağınızdan girsin, diğerinden çıksın. İnsanların sizi kırmasına ve neşenizi çalmasına izin vermeyin.

Durumunuz uzun süredir sabit görünüyor ve şartlarınızın nasıl değişeceğini etraflıca anlamıyor olabilirsiniz.

İnanmak paniğe kapılmayı reddetmektir.

Bugün birçok problem yaşıyor ya da fiziksel olarak her açıdan yere çakılmış durumda olabilirsin. Dış dünyanda bugün ayağa kalkman mümkün olmayabilir; işindeki sıkıntılar hemen bugün çözülmeyecek, o borç hemen bugün kapanmayacak, sağlığına hemen bugün kavuşamayacaksın, kendini yalnız ya da bunalmış hissediyor da olabilirsin. Belki hayat şu dönemde çok anlamlı gelmiyor olabilir. İtiraz etmiyorum, bugün dış dünyanda ayağa kalkman mümkün olmayabilir. Ama eğer dış dünyanda bugün ayağa kalkamıyorsan, **İÇİNDE AYAĞA KALK!** Çünkü içinde ayağa kalkarsan, dış dünyanda da yavaş yavaş ayağa kalkmaya başlayacaksın.

Düşman en iyi vuruşunu yapsa bile, seni en fazla yere serebilir, ama seni içten yıkamaz. Bu senin seçimin.

Bir insanın hayatında neler yaşadığı, içinde neler yaşadığı kadar önemli değildir.

Hayatta her şeyle karşılaşabiliriz. Bugün herhangi birimiz bir trafik kazası geçirebilir. İki hafta boyunca yatakta yatmamız gerekebilir. Ayağa kalkmamız mümkün olmayabilir, ama fiziksel olarak. Yaşadığımız hiçbir şey, eğer biz izin vermezsek bizi içten yıkamaz.

Hemen burada bir karar verin:

Hayat karşınıza ne getirirse getirsin, içinizde ayakta kalmaya karar verin. Çünkü içinizde ayağa kalkarsanız, inanın bana, dış dünyanızda da yavaş yavaş ayağa kalkmaya başlayacaksınız.

İçinizde ayağa kalkın ve o zaman olacakları seyredin.

Senin başarın iki kulağının arasında. Başkaların senin hakkında ne düşündüğünde, öğretmenlerin ya da işyerindeki insanların senin hakkında neler söylediğinde değil, geçmişte neler yaptığında, bugün nerede olduğunda ya da ekonominin içinde bulunduğu durumda da değil. Başarı senin kalbinde. Onu dışarıda arama.

Sen kendini adam yerine koymazsan, başkasının gelip de bunu senin yerine yapmasını bekleme. Yapmayacaklar. Sen kalkıp kaderini eline alacaksın. Bunun başka bir yolu yok.

Geleceğin kendi avuçlarının arasında. Sen kendi kendine yeterlisin. Başarmak için gereken her şeye sahipsin. Beklemek zorunda değilsin, kimseden izin almak zorunda değilsin. İş değiştirmek zorunda değilsin. Hedeflerinin peşinden gitmek için şimdi hazırsın. Yürekten inanıyorsan başarı için gereken her şeye sahipsin. Yarın değil, gelecek ay değil, hemen şimdi.

Daha fazla paraya ihtiyacın yok, yeterince paraya sahipsin. Araban yoksa, doğru dürüst bir çift ayakkabın yoksa, kimseden destek görmüyorsan, daha fazla bir şeye ihtiyacın yok. Çünkü bir hayalin ve yüreğinde başarma arzusu var.

Hayatta nerede olursan ol, ne yaşıyor olursan ol, imkânsızı başarabilirsin. Hangi pozisyonda olursan ol, kalkabilirsin. Parasal ya da sağlık, iş durumun, ilişkilerin ne durumda olursa olsun, orada kalmak zorunda değilsin. Ayağa kalkabilirsin. Dışarı çıkıp hayatını ilham veren bir hikâyeye dönüştürebilirsin.

YAVRU KARTAL

Bir zamanlar, büyük bir dağda kartallar yuva yaparlarmış. Bir kartal da dört tane yumurtası ile bu dağda yaşıyormuş.

Bir gün bir deprem oluş ve yumurtalardan bir tanesi dağdan yuvarlana yuvarlana vadide yer alan bir çiftliğe kadar düşmüş. Bu çiftlik bir tavuk çiftliğiymiş.

Çiftlikteki tavuklar, bu değişik ve normalden büyük yumurtayı sahiplenmeye karar vermişler. Yaşlı bir tavuk bu yumurtayı ve içinden çıkacak yavruyu koruması altına almış.

Geçen günlerden sonra küçük kartal doğmuş. Çevresinde tavukları görmüş ve kendini bir tavuk zannetmiş. Bütün tavuklar da ona bir tavuk gibi davranmışlar. Ailesini de çok seviyormuş. İçinden bazen, ‘Ben kimim?’ sorusu geçiyormuş. Ama o bir tavukmuş. Bunu böyle bilmeliymiş.

. Ama o bir tavukmuş. Bunu böyle bilmeliymiş.

Bir gün çiftlikte oyun oynarlarken, yukarı baktığında bir grup kartalın özgürce uçtuklarını görmüş. 'Aman Allah'ım, ne kadar güzel uçuyorlar. Ben de onlar gibi uçmayı çok isterdim.' demiş. Tavuklar, bu düşünceye hep birlikte gülmüşler. 'Sen bir tavuksun ve tavuklar uçamazlar.' demişler. Küçük kartal, artık daha sık gökyüzüne bakıyor ve uçan kartallar gibi uçmak, özgür olmak istiyormuş. Ne zaman bu düşüncesinden arkadaşlarına, ailesine bahsetse, hep şu cevabı alıyormuş. 'Sen bir tavuk sun. Bırak bu hayalleri.'

Zamanla, küçük kartal da bu düşünceyi kabul etmiş. Hayal kurmaktan ve hayatını bir tavuk olarak yaşamaya karar vermiş. Ve hayatının sonu geldiğinde de bir tavuk olarak ölmüş.

Hayallerinizi takip edin, tavukların sözlerini değil.

Cesur Olun

Başarısızlıktan Korkmayın

Dünyanın en büyük otomobil üreticilerinden Ford'u kuran Henry Ford'un bu sektördeki ilk iki girişimi iflasla sonuçlandı. Üçüncü denemesinde hayal ettiği başarıyı yakaladı ve günümüze kadar gelen o dünya çapındaki efsaneyi yarattı.

Başarısızlığa, ancak başarmayı denediyseniz, uğrayabilirsiniz. Başarı için başarısızlık riskini göze almalısınız. Nietzsche'nin dediği gibi; 'Uçmayı istiyorsan, düşmeyi bileceksin.'

Kaybedecek kadar büyük değilsen, kazanacak kadar da büyük değilsin.

Geçmişinizde büyük bir başarısızlığınız yoksa, bu başarmak için ciddi bir girişimde bulunmadınız demektir. Başarısızlık istemiyorsanız, başarmayı denemeyin. Bu durumda başarısızlık riski yoktur. Kesinlikle başarısız olmazsınız, ama başarma şansınız da yoktur.

Hata yapmadan yeni bir şey keşfedemezsin. Hiçbir zaman korkup utanıp kırılmadıysan, bu hiçbir zaman riske girmedin demektir. Hiçbir şansı değerlendirmedin demektir.

İşe başvuran bir genç mülakata girdi. Okuduğu okulun diplomasını istediler. Gençse, 'Size gösterecek bir diplomam yok, ama geçmişte yaptığım hatalardan çıkardığım derslerin bir listesini size gösterebilirim.' dedi. O genci işe aldılar.

Başarısızlık, başarmamış olmak demektir. Başka hiçbir şansın kalmadı ya da istediklerine sahip olamayacaksın demek değil. İşe yaramaz bir insan olduğun anlamına da gelmiyor. Başarısızlığı kendinle bütünleştirme. Başarısızlık bir son değil, hayat yolculuğunda aldığın bir kilometredir.

En büyük başarı hiçbir zaman düşmemekte değil, her düşüşümüzde tekrar ayağa kalkabilmektedir.

Başarısızlık, başarı için bir şeyler yaptın ve öğrendin demektir, hayatını boş yere harcadın değil. Yeni bir başlangıç yapabilirsin demektir. Asla başaramayacaksın değil, daha sabırlı olman gerekiyor demektir.

Başarısızlıklarınızdan utanmayın. Eğer böyle olsaydı, muhtemelen yeryüzündeki yedi milyar insanın utanç içinde yaşıyor olması gerekirdi.

Utanılması gereken bir şey olsaydı, bu amaçsız ve bir şeyi başarmayı denemeden, bir hedef uğrunda çalışmadan yaşamak olurdu.

Büyük amaçlar için azimle ve cesaretle çalışıp başarısız olmayı, hayatımda beni heyecanlandıracak, başarmak isteyeceğim bir hedefimin olmamasına tercih ederim.

Yapabileceğimiz en büyük hata, hata yapmaktan korkmaktır. Biz kendimizi yetersiz hissedip tereddüt ederken, bir başkası hata yapmakla ve bu sayede kendini geliştirmekle meşguldür.

Sorunumuz aslında fazla hata yapmamız değil, yeterince hata yapmamamızdır.

Bir ahırı düşünün. O ahırda üretim varsa, yerleri kirli olacaktır. Size yerleri gösterip, ne kadar kirli olduğunu söyleyenler olacak. Tek yaptıkları, bir şeyler yapmaya cesaret edenleri eleştirmek. Yapılan hata en azından insanın konuşmayı yeterince kesip bir şeyler yaptığının göstergesidir.

Asıl saygıya değer olan, eleştiren kişi değildir. Güçlü adamın nasıl tökezlediğine ya da işi yapanın eksik olduğu noktaya dikkat çeken kişi değildir. Saygınlık, gerçekten meydanda olan, yüzü toza toprağa, tere ve kana bulanmış, cesurca çarpışan, düşen ve her seferinde ayağa kalkan, büyük coşkuları, gerçek bağlılıkları bilen ve kendini değerli bir amaca adayan, en iyi

durumda zaferi elde edeceğini, en kötü durumda, başarısız olursa, büyük bir cesaretle savaşarak başarısız olduğunu bilen, böylece ne zaferi ne de yenilgiyi bilmeyen ürkek ruhların arasına katılmayan kişiye aittir.

Teddy Roosevelt

Thomas Edison tarihte en fazla başarısızlığa uğrayan, ama aynı zamanda en büyük mucit. Sadece ampulü icat etme aşamasında bile 10,000'in üzerinde başarısızlığı vardı. O günün önde gelen gazeteleri, Edison'un zamanını boşuna harcadığını ve yapmaya çalıştığı şeyin imkânsız olduğunu yazıyordu.

5,000. deneyden sonra genç bir gazeteci Edison'un yanına gelip, 'Efendim, 5,000 kez başarısız oldunuz, başka başarısızlıkları göze alacak mısınız?' diye sorar. Edison'un cevabı ise, 'Ben başarısız olmadım, sadece ampulün nasıl çalışmayacağının 5,000 yolunu buldum. Nasıl çalışacağına da 5,000 adım yaklaştım.' olur.

Başarısızlıklar başarının temelini oluşturacak. Başarının yüzde 90'ı başarısızlıktır.

Başarısızlık, daha zekice başlama fırsatından başka bir şey değildir.

Hayatın amacı bir şeyler başarmaktır, kaç kez başarısızlığa uğradığınızın bir önemi yok.

Sezen Aksu'nun ilk albümü olan 'Haydi Şansım'ı sadece 50 kişi aldı. Sahne almaya başladığı yerden de 3 gün sonra kovuldu. Bugün ise nelerin olduğunu hepimiz biliyoruz. Türkiye'nin en büyük seslerinden biri haline geldi ve kendisinden beste almak için sanat dünyasının önde gelenleri kuyruğa giriyorlar.

Başarısızlık bir son değil, bir engeldir. Başarısızlık bir çıkmaz sokak değil, yoldan biraz sapmaktır. O engeli aşabilirsiniz, ya da hayatınızın sonuna kadar onun dibinde yaşayabilirsiniz. Bu karar size ait.

Karşınıza ne çıkarsa çıksın, cesaretsizliğe ve ümitsizliğe teslim olmayın. Kimsenin hayallerinizi çalmasına izin vermeyin.

Reddedilmekten Korkmayın

Orijinal olun, özenti değil.

Başkalarını taklit etmek için yaratılmadınız. Kendiniz olmak için yaratıldınız.

Olmadığın gibi davranarak, çeşitli maskeler takarak, insanları mutlu etmeye çalışarak yaşayamazsın. Aslında, bu durumda kimseye karşı dürüst olmazsın, özellikle de kendine.

Kimseyi memnun etmek zorunda değilsin. Bazı insanların seni sevmeyeceği gerçeğini kabullenmelisin. Beni de herkes sevmeyecek, seni de.

Ne hissettiğin konusunda daha dürüst olmalısın. Çünkü kendi duyguların konusunda dürüst olmadığında, enerjinin çoğunu gerçeği değiştirmek için harcarsın. Dürüst olmak, ne söyleyip nasıl davranacağının provasını yapmamak anlamına gelir. Gerçeği kabul edemeyecekler varsa, problem onların diye düşünmelisin. Gerçeği değiştirerek kendi problemin haline getirme.

Kendinle dürüst değilsen, en iyi taraflarını kaçırıyorsun. Geçinmesi kolay, savunma yapmayan, güvende, kendini kabul eden, kırılabilir, insani ve bu yüzden sevgi dolu, işte gerçek sen busun. Hislerinizle dürüst olabileceğiniz bir dünya yaratın. Kendiniz olma özgürlüğünü yaşayın.

Herkesin başkası olmaya çalıştığı bir dünyada, sen dürüstçe kendin olma cesaretini göster.

Eleştirilmekten Korkmayın

Sizi eleştiren kişiye bir bakın. Konuştuğu konu hakkında bilgi ve tecrübesi var mı? Siz bir şeyler yapmaya çalışırken o sadece yaptıklarınızı mı eleştiriyor? Acaba kendisi başarı adına neler yapmış? Nelere cesaret edebilmiş? Sizin sahip olmak istediğiniz hayata sahip mi?

Bazen size tavsiye veren arkadaşlarınız, kendi hayatlarını bile yönetemiyorlardır. Ancak size ne yapmanız gerektiğini söyleme konusunda iyidirler! Size fikir verenlerin ne hakkında konuştuklarını bildiklerine ve zekâlarıyla sizin saygınızı kazanmış kişiler olduklarına emin olun.

Her şeyi doğru düzgün yapmak ve ortalarda bir yerlerde olmak sıradan bir durumdur.

En dipte ya da dibe yakın olmak ise ayrıcalıktır.

Bu sizin için uygun görülen sıradanlıkla ilgilenmediğinizi gösterir. Aklınız başka bir yerdedir.

Hayallerde.

Hayatımızı garantiye almak için risk almamız gerekiyor.

Bazen iyi gidecek, bazen gitmeyecek.

İyi gittiği zamanlar, iyi gitmediği zamanları unutturacak.

Daha ne bekliyorsunuz?

Harekete geçin. İnsanların hayattan istediklerini elde edememelerinin nedeni, çoğunlukla ilk adımı atmaktan çekinmeleridir. En zor olan ilk adımı atmaktır. Korkular üzerine gelecek, seni vazgeçirmeye çalışacak.

'Sen kimsin ki böyle bir şeye kalkışıyorsun?' diyecekler. 'Şimdiye kadar ne yaptın ki bunu yapabileceğini düşünüyorsun? Sonunu getiremeyeceksin, yine yüzüne gözüne bulaştıracaksın.' diye köşeye sıkıştıracaklar.

Bu durumda, hayattan istediklerini göz önüne getir ve karşındaki fırsatı değerlendirmezsen, sonuçlarının ne olacağını düşün. Korku hissettiğin zaman bil ki, kendini aşmak üzeresin.

Korkulardan kaçarak yaşayamazsın. Yoksa korkak olursun. Korkularınla yüzleşmen gerekiyor. Eğer başarı ve mutluluk yolunda ilerlemek istiyorsan, korku tünelinden geçmen gerekiyor.

Korkular köpek gibidir. Kaçarsan kovalar, kovalarsan kaçar. Korkunun panzehiri eylemdir. Yani harekete geçmektir.

Ne zaman tereddüt edip beklersen, korku büyür. Hareketlilikse korkuyu yener. İlk adımı attıktan sonra korkunun zayıfladığını göreceksin.

Bir bütün, ufak parçalardan oluşur. Bir yemeği tek bir lokmada yutamazsınız. Bir köprünün inşası iki ufak parçanın birleştirilmesiyle başlar. Bu kitap ilk cümlenin yazılmasıyla başladı. İşin tümü sizi korkutmasın. Hiçbir şey zor değildir, yeter ki parçalara ayrılsın.

Herkes bir takım projelerden bahseder. Ama şartlar oluşuncaya dek erteler. Bir yönetici karar verirken, bütün veriler nadiren elinde olur. Hatta çoğunlukla bir araya gelmez. Ama bir an gelir ki, karar vermek zorundadır.

Şartlar hiçbir zaman mükemmel olmayacak. Bir noktadan sonra eldeki şartlara göre en iyi hamleyi yapmak zorundasınız. Çoğu zaman en kötü hamle, hamle yapmamaktır. İlk adımı hemen atarsanız, hedefinize bir adım yaklaşmış olursunuz.

Korkunun en büyük besleyicisi hareketsizliktir. İnanırsan ve harekete geçersen korkuyu yenebilirsin.

Yirmi yıl sonra yaptıkların için değil, yapmadıkların için pişmanlık duyacaksın.

Bazı şeyleri sürekli erteliyoruz. Çünkü kendimizi iyi hissetmiyoruz. Tam ilk adımı atacağımızda, 'Kendimi iyi hissetmiyorum, iyi hissettiğim zaman başlarım.' ya da 'Kendime daha fazla güvendiğim bir zamanda, o korktuğum şeyleri yaparım.' diyoruz.

Aslında kendimizi iyi hissetmemiz için o korktuğumuz şeyleri yapmamız gerekiyor. Başka bir deyişle, ancak o korktuğumuz şeyleri yaptığımızda, kendimize daha fazla güvenip kendimizi iyi hissedeceğiz.

Size korku veren durumları göz önüne getirin. Bunlarla ilgili ne yaptınız? Olayların korktuğunuz şekilde gelişmemesi için bir şeyler yaptınız mı, yoksa sadece oturup olanları mı izlediniz? Siz yapmanız gerekenleri yaptınız mı? Unutmayın, hareketsizlik korkuyu körükler. Belki de korktuklarınızın başınıza gelmesine neden olacak bazı şeyler yapıyorsunuzdur.

Bir kâğıt alıp nelerden korktuğunu net olarak yaz.

Düşmanı tanımlayabilirsen, onu alt edebilirsin.

Yalnız kalmaktan mı korkuyorsun? Kendine iyi bir bak. Yalnız olmanın sebepleri ne olabilir? Neleri değiştirebilirsin?

İşini kaybetmekten mi korkuyorsun? Yerini sağlamlaştırmak için neler yapabilirsin? İşini sahiplenip gereken özeni gösteriyor musun?

Şimdiki işinde sıkışıp kalmaktan mı korkuyorsun? Sonsuza kadar orada kalmaman için bir planın var mı? Yarın korktuğunun başına gelmesini istemiyorsan, bugün bir şeyler yapmalısın.

Belki de istediğin gibi bir iş bulamamaktan, hatta nasıl olursa olsun, bir iş bulamamaktan korkuyorsun. Şimdiye kadar neler yaptığını gözden geçir. Elbette biraz sabır gerekiyor, ama neleri farklı yapacaksın?

İş görüşmelerinde yeterince istekli davranıyor musun? İşi yapabileceğin ya da işi hızlı bir şekilde öğrenebileceğin konusundaki inancını karşıya aktarıyor musun?

Sen olsan kendini işe alır mıydın?

Neden? Gerekirse ücretsiz çalış, ama hareket halinde ol. İlk başta mükemmel iş olmasını bekleme. Bir köşede bekleyip paslanma.

Mutlaka zamanınızı değerlendirmek için kurslara gidebilirsiniz. Ama bunu hayattan ya da korkularınızdan kaçmak için yapmadığınızdan emin olun. Kurslara saklanmak için gitmeyin. Hayatın içine dalın, hayatla yüzleşin.

İş aramaktan vazgeçmeyin. Birkaç hayırdan sonra durmayın. Akla mantığa sığmayacak şeyler yapın. Komik duruma düşmeyi göze alın. Yaptıklarınız işe yaramazsa, farklı bir şeyler yapın ve devam edin.

Ne yaparsanız yapın, sadece evinizde oturup içinde bulunduğunuz şartlara ya da karamsarlığa teslim olmayın. Bir iş bulmaya karar verip, buna inanıp bu doğrultuda kararlı bir şekilde harekete geçerseniz, gerçekten de iş bulamayacağınızı mı düşünüyorsunuz?

Lütfen kendinize gelin. Gidin ve o işi bulun, bulamazsanız da, siz bir işverene gidip oraya değer katabileceğiniz bir şeyler teklif edin.

Önce çalışmaya başlayın. Daha iyi bir iş için sonra endişelenirsiniz. İşe başladığınızda da işyerini, çalışanları ve patronunu hor görmeyin. İşiniz olduğu için minnettar olun ve elinizden gelenin en iyisini yapmaya çalışın.

Kendine ait bir işin var ve işinin bulunduğu nokta seni endişelendiriyorsa, neler yapabileceğin konusunda bir liste geliştir. İş hacmini arttırmak, işleri hızlandırmak için neler yapabilirsin?

Çalışanlarınla bir araya gel ve işin şu andaki durumunu açıkla. Yardım isteyip, fikirlerini al. Durumu herkes sahiplensin, birlikte bir şeyler yapın. Ama sorumluluğu ele almalısın, çalışanları ya da başkalarını suçlama.

Senin daha iyi çalışanlara ihtiyacın yok, çalışanların daha iyi bir lidere ihtiyacı var.

İster kendi işinizdeki, ister çalıştığınız işteki korkularınız olsun, hemen umutsuzluğa kapılmayın. Her zaman yapılabilecek bir şey vardır. Eski kalıplardan çıkın. Yaratıcı olun. 'İşimi nasıl daha iyi yapabilirim?' sorusunu her zaman sorun.

İşinizde her gün ufak iyileştirmeler yapın. Her hafta veriminizi % 2 geliştirseniz, bu yılda yaklaşık % 100'lük bir artış yapar. Üç yılda, katlamalı olarak performansınızı % 800 arttırmış olursunuz.

Bu durumda, bugün sahip olduğunuz korkular kalır mıydı? Bunu başarabilirsiniz, ama her gün inatla, tekrar tekrar 'İşimi nasıl geliştirebilirim, verimimi ve işteki değerimi nasıl arttırabilirim, kendimi hangi yönde geliştirebilirim?' sorularını sormalısınız.

Ne istediğine karar verip hayatına yön ver. Sana ne heyecan ve mutluluk verirdi? Bu korku sana gerçek bir karar aldıracak. Neler yapman gerektiğini kâğıda yazacaksın. Bu korkuyu gerçekten yüreğinde hissediyorsan, kararını uygulaman için seni ölesiye korkutan şeyleri yapacak gücü kendinde bulacaksın.

Evliysen ya da çocuğun varsa, onlara örnek olman gerektiğini düşün. Şimdi yoksa da ileride olacak. Sevdiğin ve yardım etmek istediğin insanlar var. Belki de ailenin reisi sensin. Onlar için ölümü göze almaya, her şeyini feda etmeye hazırsın. Kimsen yoksa da gururun var, onurun var. İçindeki cesareti, gücü ve arzuyu hisset.

Kararlı olun. Cesaretin diğer yüzü kararlılıktır. İkisi birbirinden ayrılmaz ve aynı zamanda gelişir. Kararlılık, disiplinin uygulanmasıdır. İşler ters gittiğinde kararlı bir şekilde devam edebilmek, cesaret, karakter, kendinize ve durumun üstesinden gelebileceğinize derinden gelen bir inancı gerektirir.

Nasıl inanabildiğinizden daha fazlasını başaramazsanız, kendinize inancınız, mücadelenin peşini bırakmadıkça artar.

Birçoğumuz hayata kendimizden şüphe ederek başladık. Birçok alanda güven eksikliği duyarak, hatta aşağılık kompleksleriyle. Ama şunu unutmayın; azmederseniz kendinize olan güveniniz artar.

Ne kadar yakın oluğunu göremezsin. Çok yakın olabilir, çok uzakta gibi dururken.

Hayatta kayda değer bir başarı kazanmış her adam ya da kadın, cebelleştiği ve her şeyin kaybedildiği gibi görünen dönemleri yaşamıştır. Dayanmanın bir yararının kalmadığını düşündüğü o karanlık evrelerden geçmiştir.

Ama daha sonra fark ettikleri, bunun kaderin oynadığı bir oyun olduğuydu. Tam başarısızlık kaçınılmaz gibi göründüğünde, genellikle zaferden bir adım ötedesin. İşler kötü gittiğinde, yolun dik bir yokuşsa, ağlamak istiyor ama gülümsüyorsan, zorunluysa dinlen, ama pes etme.

Birçok başarısızlık, devam edildiğinde, başarıyla sonuçlanabilecek çalışmaların yarım kalmasıyla ortaya çıkar. Hızın yavaş diye vazgeçme. Bir kez daha yüklenerek başarabilirsin belki. Esas o en büyük darbeyi aldığında pes etmemelisin.

Gerçek cesaret, engeller ve zorluklarla boğuşurken, mücadele gücünüzün kalmadığını hissettiğiniz anlarda vazgeçmek yerine, devam etmeyi seçebilmektir. Gerçek cesaret içinizdeki düşmanla savaşabilmektir.

Eğer her alanda kolayca başarılı olsaydık, karşımıza engeller çıkmasaydı, bunlarla savaşıp mücadele edip karakterimizi geliştiremezdik. Her zorlukta değerli bir ders yatar. Bütün zorluklarda, eğer ararsan bulabileceğin bir avantaj, bir olumlu taraf vardır.

Cesaretin en büyük testini, yenilgiyle ya da başarısızlıkla karşılaştığınızda inancınızı ve kararlılığınızı kaybetmemekle vereceksiniz.

Bütün dünyanın alkışları önünde yapılabilecekleri, etrafta kimse yok iken tek başına yapacaksın. Bugün elinde hiçbir dayanak olmasa da, insanlar seni ciddiye almasa da, sana gülse de, insanların seni alkışlayacağını hayal edeceksin. Gözyaşı dökerek kendi yüreğinde hissettiğin arzuyla yapacaksın bunu. Gerçek cesaret budur.

Hayalin sana güç verecek. Risk alıp tünelin sonundaki ışığı görmeden içeri dalacak ve ilerleyeceksin. Korkularınla yüzleşip, belirsizliklere rağmen ilerlemeye devam edeceksin. Cesaret, hayattaki muazzamlığın vazgeçilmesidir.

Yapmaya korktukların zor değil, sen korktuğun için zorlaştırıyorsun.

'Hak ettiğim hayat bu değil!' Eğer bir şeyleri değiştirmeye karar verip harekete geçmezsen, hak ettiğin hayat bu olacak.

Sonun gelecekse, bunun dizlerinin üzerinde olmasındansa ayakta olması daha iyidir.

Cesur davrandığında alacağın yaralar, daha sonra cesaretinin madalyaları olacak, kendini aşağı görmene değil, kendinle gurur duymana yol açacak.

Hayatının sona ereceğinden korkma, hiçbir zaman başlamamasından kork. Eğer korku seni yiyip bitiriyorsa, sen de dönüp onun bir parçasını ısırıp kopar.

Her büyük başarının başlangıç noktası şiddetli arzudur. Çünkü güçlü arzularınız varsa, korkuyu yenersiniz. Sizin için yeterince önemli bir şey varsa, vazgeçmezsiniz. Hayalleriniz ve nedenleriniz, korkularınızdan büyük olduğu sürece korku sizi durduramayacak, ilerlemeye devam edeceksiniz.

Birçoğumuz korkudan bir şeyler yapmaya cesaret etmez ve bu sayede yeteneklerimizi açığa çıkarmazsak, arena sadece biraz cesaret eden ve işleri alelade bir şekilde yapan kişilere ait olacaktır. Hangi sektörü gösterirseniz gösterin, zirvedekilerin yaptıkları işi çok daha iyi yapacak insanlar aramızda dolaşıyor, bunlardan bir tanesi de sensin. Ama korkularını yenip istediklerin için bir adım ileriye çıkman gerekiyor. Yeterince olduğun yerde kalmadın mı?

YIKILAN EV

Bir adam, yıkılan evinin karşısına geçmiş; bir yandan ağlıyor, bir yandan,

'Ah evim! Çökmeden evvel bari bir haber verseydin de, ona göre tedbir alsaydım.' diye sızlanıp duruyordu.

Birden harabeden bir ses yükseldi:

'Be adam!.. Ben sana, çatlayan duvarlarım, dökülen sıvalarımla 'çöküyorum' diye kaç senedir haber yolluyordum.

Fakat sen her defasında bir avuç toprakla çıkıp geliyor, verdiğim haberi ağzıma tıkıyordun.

Sen ikazlarımı duymak istemedikten sonra, ben ne yapayım?'

Bu Hayat Sizin

Neden aklı başında, yetişkin, sağlıklı, gücü ve kuvveti yerinde bir insan hayatının sorumluluğu eline almaz? Neden dünyayı tek bir kişi değiştirebilirken, peşinden milyonları sürükleyebilirken, tek bir insan bir ulusu ayakta tutabilirken, hayatta birçok talihsizlik yaşayıp bütün olumsuz şartların üstesinden gelerek çevresini ve insanlığı gıpta ile baktırırken, dünyanın şaşkın bakışları arasında imkânsızı başarırken, neden kendimizi bir kurban gibi görürüz? Neden işler yolunda gitmeyince, birçoğumuz durup düşünmeyi ve hatalarımızı kabullenmeyi reddedip hemen suçlayacak birilerini arar?

Arzuladığınız yaşama doğru hareket ederken bazı yüklerden kurtulmanız gerekir. Mazeretlerdir onlar.

Hatalarımız ve istenmeyen sonuçlar için mazeretler bulmak başarısızlığın en büyük nedenlerindendir.

Birçok kişi bir mazeret seçtikten sonra onunla yapışık bir ikiz gibi dolaşmaya ve hayatını yaşamaya başlar.

En büyük yalanlar kendimize söylediğimiz yalanlardır.

Maalesef bazı yalanları tekrar ede ede bizim doğrularımız haline geliyor ve aksi yöndeki düşüncelere şiddetle karşı çıkıyoruz. Yalanlarla gerçekler adeta iç içe geçiyor.

Arkasına sığındığımız mazeretler de bu yalanlardır. Mazeretler, çoğunlukla yaşadıklarımızı çarpıtarak sorumluluğu üzerimizden atmak ya da kendimizi aklamak için uydurulan kılıflardır.

'Hayrola nereden?'

'Be be ben mi? Ra rad radyodan geliyorum...'

'Ne vardı radyoda?'

'Spi spi spi spiker sı sı sınavı vardı da...'

'Eeee, ne oldu?'

'Bı bı bı bırak yahu? Kı kı kıravat tak tak takmadık diye almadılar.'

NEDEN GÖSTERMEYİN

Ne kadar yaratıcı olduğuna bakar mısın? Bir de gerekenlere sahip değilim diyorsun. Ürettiğin mazeretlerin çeşitliliğine bir bak. Başarılı olmanı engellediğini iddia ettiğin şu senaryoların çeşitliliği ünlü senaristleri bile kıskandırır.

Başarının ana babası çoktur, başarısızlık ise yetimdir.

Buda

İstediğiniz sonuçları elde edemediğinizde, kendiniz de olmak üzere hiç kimseye neden göstermeyin.

İlk denemende olmadı diye neden imkânsız olsun? Yapanlar yok mu? Yapanlar olmayacak mı? Mazeretler sadece sorumluluktan kaçma senaryolarıdır.

Herkes keyfi yerindeyken çalışabilir. Önemli olan moraliniz bozukken ya da umutsuzluğa kapılıp tünelin sonundaki ışığı göremediğinizde disiplininizi koruyabilmek. Motivasyonunuz düşmüşken, işler ters gitmişken, yüzünüz kızarmışken, tüm gece boyunca kendinizi televizyonun karşısındaki koltuğa teslim etmek üzereyken, tekrar hedeflerinize konsantre olabilmektir önemli olan. Yıkıldığınızda tekrar ayağa kalkabilmektir. Başarı başka şeyleri yapmak isterken yapmanız gerekenleri yapmaktır.

İşin ayıbı da bizdedir, kusuru da.

Mevlana

Üniversiteli öğrenci tatil vesilesiyle köyüne döner. Hoş-beş muhabbetinden sonra çantasını boşaltır. Annesi aşırı kirli çamaşırları görünce:

'Kızım bunları niye yıkamadın?'

'Olanak bulamadım anne.'

'Ah kızım! Olanak bulamadıysan, sabun da mı bulamadın?'

Hoşnut olmadığınız bir şey varsa, değiştirmek için bir şeyler yapmaya başlayın. Yapmayacaksanız da, şikâyet etmeyin.

Hiçbir zaman şikâyet etmemiş olsaydınız, suçlamayıp hayatınızın sorumluluğunu elinize almış olsaydınız, hayatınız bugün nerede olurdu?

Eğer bugünden itibaren suçlamadan, sorumluluğu ele alarak yaşamaya başlamış olsaydınız, hayatınız hangi yönde gelişmeye başlardı? Ufak tefek şeylerin moralinizi bozmayacağını, enerjinizi boş yere ve gereksiz şekilde harcamayacağınızı bir hayal edin.

Çözümün bir parçası olmayan, sorunun bir parçası olur.

Goethe

Sorumluluk bilincine sahip olduğunuzda, hayatınızda bir şey yolunda gitmediğinde, 'Neyi yanlış yaptım.' ya da 'Nerede farklı davranabilirdim?' diye düşünürsünüz. Sorumluluğu kabullenmezseniz, suçlayacak birilerini ararsınız.

Herkes tarafından çok sevilen bir adam vardı. Fakat kader ve dua anlayışı biraz farklıydı.

Bir gün yaşadığı ilçede sel felaketi yaşandı. Herkes kasabayı terk etmeye başladı. Ama adam yerinden kımıldamıyordu. Sonunda en yakın komşusu arabasını onun evininin önüne çekerek kendisine seslendi. 'Haydi! Arabaya atla! Kasabada kimse kalmadı. Barajın kapakları patladı, büyük bir sel geliyor.'

Adam, 'Sen git. Allah beni kurtarır.' dedi. Sonra sular yükselmeye başladı. Yardıma gelen bir kayığı ve onun ardından gelen tekneyi 'Allah beni kurtarır', diyerek geri çevirdi. Sular o kadar yükselmişti ki sonunda evin bacasına çıktı. Kendisini kurtarmaya gelen helikopteri de aynı gerekçeyle uzaklaştırdıktan sonra boğularak öldü.

Allah katına yükselince, 'Allah'ım sana güvenmiştim. Niçin benim dualarımı kabul edip beni kurtarmadın?' Tanrı kendisine seslendi:

'Denedim hem de çok denedim. Önce sana arabasıyla komşunu gönderdim. Sonra bir kayık, ardından bir tekne ve son olarak bir helikopter gönderdim. Ama sen hiçbirini kabul etmedin.'

Siz kimi ne için suçluyorsunuz?

HER ŞEYİN BİR NEDENİ VARDIR.

Günlük olarak yaşadığımız zorluklar ve sıkıntılar kendiliğinden oluşmaz. Çok kişi ise yaşananları şansa bağlar. Düşünsenize bir, dünyadaki her şey şans eseri gelişseydi. Kim bilir neler olurdu? Bir bakmışız Afganistan, Amerika'yı istila etmiş.

Dünyada bazı kanunlar vardır. Yer çekim kanunu gibi. Bir elmayı avucumuzdan bıraktığımızda şans eseri bir seferinde aşağı düşüp başka bir zaman havada asılı kalmıyor. Ya da suyu 100 dereceye ısıttığımızda su donmuyor. Hava durumunda nedensiz bir şekilde gelişme göstermiyor.

Hayatta tesadüf yoktur. Koç topluluğu yeniden yapılandırma çalışmalarının şans üzerine kurulu olduğunu bir düşünsenize. Tüm çalışanların isimleri kocaman bir çuvalın içine atılıyor ve kura işlemine göre ilk çıkan genel müdür, ikinci çıkan genel müdür yardımcısı derken bütün personel yeni görevlerine başlıyor. Saçma değil mi? Peki o zaman sen neden bazı şeyleri şans ya da kötü talih olarak açıklıyorsun? Senin yaşadıklarının istisna olacağı konusunda bir neden yoktur.

Başarılı insanların ortak bir özelliği, başarısızlıklarının sorumluluklarını üstlenmeleridir. Elde ettikleri başarılarının da kendi çabalarının sonucunda meydana geldiğini çok iyi bilirler. Başarılı olmayanlarsa, hayal kırıklığı yaşadıklarında kabahati başkalarında ararlar. Başarıyı da şans faktörü ile açıklarlar.

Başarılı insanlar, hiçbir şeyi ya da kimseyi suçlamamak konusunda ısrarlıdırlar.

MASUM ŞİKÂYETLER

'Garson beş dakikadır sipariş almaya gelmedi.' veya 'Ahmet'in odasındaki pencere benimkinden daha büyük.' Hayat bize bu tür durumlardan daha zor mücadeleler sunar. Biz bunlarla uğraştığımızda, gerçek mücadeleler için gücümüz kalmaz ve otomatikman mazeretler üretmeye başlarız.

Bir düğündeki oturma düzeni bozukluğu yüzünden akraba ilişkilerini yeniden değerlendiren birileri aklınıza geliyor mu?

Bir de toplu şikâyet seansları vardır. Hastalıklarından bahsetmeyi sevenler vardır: 'Geçenlerde çok kötü üşütmüşüm, ateşim 40 dereceydi.' Hemen birileri atılır: 'O da bir şey mi, geçen ay 42 derece ateşle beni hastaneye zor yetiştirdiler, ölmek üzereydim.' Ya da açık arttırma gibi herkes ağrılarından bahseder. En çok ağrısı olan yarışmayı kazanacakmış gibi sağlık sorunlarını anlatıp empati beklerler.

Peki ya işyerlerindeki şikâyet kulüplerine ne demeli? Kulübün üyeleri öğle tatillerinde, kahve molalarında bir araya gelirler. Bir yandan yemeklerini yerken bir yandan da makineli tüfek gibi işyerleriyle ilgili şikâyetlere başlarlar. Hepsi de birbirlerine sonuna kadar empati duyar ve destek verir. Bu tür insanlar çok büyük kurumlarda bile birbirlerini bulmakta zorlanmazlar. Bir mıknatıs gibi kendilerini birbirlerine çekerler.

Ben size hayattaki problemleri görmezden gelin demiyorum. Sadece şikâyet etmek yerine enerjinizi problemlerin çözümüne ayırmalısınız. Son zamanlarda kendinizi yorgun hissediyorsanız, ne kadar yorgun olduğunuzu düşünmek ya da insanlara dert yanmak yerine düzenli olarak spor yapmaya karar verin. Ya da daha erken yatmaya özen gösterin.

AFFEDİN

Karanlık bir gecede yolculuk yapan bir geminin kaptanı hakkında bir hikâye duydum. Kaptan birden bire tam önünde parlak bir ışık fark eder ve gelenin kendi gemisiyle aynı rotada olduğunu görür. Telsize yönelir ve gelen aracın rotasında on derecelik Doğu'ya bir kayma isteyerek acil bir mesaj yollar.

Birkaç dakika sonra, geri bir mesaj gelir. Mesaj, 'Yapamayız, rotanızı on derece batıya değiştirin.' der.

Kaptan sinirlenir. Üstü kapalı bir mesaj daha yollar. 'Ben denizci bir kaptanım. Rotayı değiştirmenizi istiyorum.'

Birkaç dakika sonra cevap gelir, 'Ben ikinci sınıf bir denizciyim. Yapamam. Rotanızı değiştirin.'

Kaptan şimdi daha fazla hiddetlenir. Son bir mesaj yollar. 'Ben bir savaş gemisiyim ve rotamı değiştirmiyorum.' Cevap olarak sert bir mesaj gelir. 'Ben deniz feneriyim. Bayım, sizin seçiminiz.'

Çoğu kez biz de bu denizci kaptanı gibiyiz; dik başlı ve inatçı olabiliyoruz. Değişmemek için her türlü sebep bulabiliyoruz; 'Beni çok fazla üzdüler. Bana karşı çok fazla hata yaptılar. Bağışlamayacağım!'

Hepimiz hata yaparız ve eğer başkalarının da hata yapabileceğini kabul edemiyorsanız, mutlu ve başarılı bir hayata aday değilsiniz. Tamamıyla ve içtenlikle affedebilmek sağlıklı bir kişiliğin göstergesidir. Sağlıksız kişiliğin göstergesi ise uzun süre kırgınlık taşımak ve öfke duymaktır.

Öfkenize tutunmak elinizde başka birisine atmak üzere taşıdığınız sıcak bir kömüre benzer. Yanan sizsinizdir.

Budha

Bağışlamayarak kendimizi koruduğumuzu düşünürüz, ne var ki korumayız. Sürekli kızgınlık içerisinde olduğumuzda, farkında değilizdir, ama kendi hayatlarımızı zehirliyoruzdur. Bağışlamadığımız zaman, diğer insanı incitmiyoruz, bize yanlış yapan şirkete bir kötülüğümüz dokunmuyor. Sadece kendimize zarar veriyoruz.

'Cengiz Hocam, yapamam! Bu çok zor. Bağışlayamam. Beni o kadar üzdüler ki!' diyor olabilirsiniz.

'Bana neler yaptıklarını bilmiyorsun!'

Hayır bilmiyorum. Ama onları hayrına bağışlamıyorsunuz ki! Kendiniz için bağışlıyorsunuz. Eğer intikam peşindeyseniz, iki mezar kazın.

Birçok insan yaşadıkları olumsuz olayları ve kırgınlıkları bütün hayatları boyunca beraberinde taşır. Bazılarımız, daha önce yaşanmış bir olaydan dolayı yıllarca mutsuzluk yaşadık. Bu, kimi zaman batan bir iş, kimi zaman verdiğimiz bir karar ya da yürümeyen bir beraberlik oldu.

Kızmak, başkalarının hatalarının intikamını kendinden almak demektir.

Kin ve kızgınlık, geleceğinizi şekillendirmek için gereken enerjinizi, umut ve isteğinizi bir kara delik gibi yutar. Eğer duygularımızı ve bize ait olan sorumluluğu kabullenip bağışlarsak, o negatif çöplüğün zihnimizde birikmesine izin vermeyiz. Yani kızgınlık ve kini uzaklaştırırız. Böylece bütün potansiyelimizi yaşayabilmek için serbest kalırız.

Kendinizi affedin. Daha önce yapmış olduğunuz her aptalca, anlamsızca, düşüncesizce ve acımasızca şey için kendinizi affedin. Kendimizi suçlamak ve affetmeyi reddetmek yerimizde kalmak için kullandığımız bir mazerettir.

Hepimizin hayatında başarısızlıkları var, hepimiz hata yapıyoruz. Geçmişe sıkı sıkıya tutunmak yerine kendinizi bağışlamalısınız. Kendinizi yıpratmaktan vazgeçin. O zamanki koşullar içinde, elinizden gelenin en iyisini yaptınız.

Peki, siz kendinizi ne için affedebilirsiniz? Yaptığınız ya da yapmadığınız bir şey için mi? Sahip olduğunuz ya da olmadığınız bir özelliğiniz için mi? Geçmişte sizinle acımasızca alay edenlerle baş edemediğiniz için mi? Başkalarının bazı davranışlarına tahammül ettiğiniz ya da boyun eğdiğiniz için mi?

Hatalarınız ve başarısızlıklarınız için mi? Başarısızlık duygusu sizi tüketiyor mu? Uğradığınız bir haksızlık için kendinize kızıyor musunuz? Başkaları hakkınızı yediyse de kendinizi affedin. Kendinizi affettikçe, üzerinizdeki gizli yükün kalktığını, hafiflediğinizi ve özgürleştiğinizi hissedeceksiniz.

Affetmek geçmişi değiştirmez, ama geleceğin önünü açar.

Kendinizi aşağı görmenin kime ne yararı olacak? Kendinize kendi çocuğunuzmuş gibi davranın. Her zaman yanında olun. Kendi kendinizi hançerlemeyin.

Mücadele dışarıda değil, içeride. Kendinizi serbest bırakın. Kendi yolunuzdan çekilin, gelişiminizin ve ilerlemenizin önünü tıkamayın.

Belki şunu sorabilirsiniz: 'Sorumluluğu kabul etmek suçlunun ben olduğu anlamına gelmiyor mu?' Sorumluluğu kabul ettiğinizde, geleceğe bakıp neler yapabileceğinizi düşünürsünüz. Geriye bakıp değiştiremeyeceklerinizi deşmezsiniz.

Herkes geçici olarak cesaretsiz ve mutsuz olabilir. Hayat zordur ve hepimiz zaman zaman dibi boylarız. Ancak dipte kalmamalısınız. Buradan kurtulmanın ilk adımı, bu durumu düzeltebilecek kişinin siz olduğunu fark etmektir.

Hayatınızda yolunda gitmeyen şeyler için sorumlu olarak kendinizi görmenin kolay olduğunu söylemiyorum. Önünüzdeki engelin kendiniz olduğunu fark edebilmek kolay değildir.

Ama hayatımızdaki acılara ve olumsuzluklara bizim sebebiyet verdiğimizi kabul edebildiğimizde, kendi neşe ve mutluluklarımızı yaratabileceğimizi de görmüş oluruz.

YETENEK

Bir gün genç bir delikanlı Yahya Kemal Beyatlı'ya gelerek;

'Üstat ben ya ressam ya da şair olacağım. Henüz bir karar veremedim. Kararımda bana yardımcı olur musun?' der.

Yahya Kemal Beyatlı, delikanlıya;

' Resimlerim ve şiirlerin yanında mı? diye sorar.

Delikanlı; 'Şiirlerim yanımda.' der ve Beyatlı'ya gösterir.

Yahya Kemal, şiirleri okuduktan sonra, delikanlıya şöyle der:

'Sen ressam ol evladım.'

Delikanlı şaşırır ve 'Ama daha resimlerimi görmediniz ki?' der.

Yahya Kemal Beyatlı cevap verir:

'Ama şiirlerini gördüm.'

Hayatınıza Yön Verin

Daima ara. Bugün altın ararken bakır bulursun, yarın bakır ararken altın.

Cenap Şahabeddin

HAYALLER

Hepimizin hayalleri var. Hepimiz hayattan bir şeyler istiyoruz, önemli başarılar elde etmek ve saygınlık kazanmak istiyoruz. Hiç kimse kendini gösteremediği, kendini yaşayamadığı, mücadeleden yorgun düştüğü, çıkmazlar arasında geçen bir yaşam hayal etmez. Herkes hayatıyla farklı bir şeyler yapmayı hayal eder. Herkes farklı olmak ister.

Ama çoğumuz kendimizden vazgeçtik. Hayallerimizden vazgeçtik. Onlara ulaşamayacağımıza şartlandık ve ölmelerine izin verdik. Sahip olduklarımıza razı olduk, şartlarımıza boyun eğdik.

Bir adamın ne kadar büyük olduğunu, hayallerinin büyüklüğüne bakarak anlayabilirsiniz.

Başarı hep başkalarına ait, şans hep başkalarına güler diye düşünmeye başladık. Hayal kırıklığı, zorluklar, günlük problemlerle, mücadele ve bezginliğin arasına sıkıştık ve bunun kaderimiz olduğuna inanmaya başladık; 'Hedef mi dedin? Benim hedef belirlemeye vaktim yok. Kendimi eve zor atıyorum. İşim başımdan aşkın.'

MOTİVE OLAMIYORUM!

'Her şey iyi güzelde ben motive olamıyorum, kendimi yeterince güçlü ve enerjik hissetmiyorum. Ne yapayım, ben böyleyim işte.' diyor olabilirsin. Peki, hayalin ne? Bahse girerim ki, net bir cevabın yok.

Seni heyecanlandıran bir hedefin yoksa kendini güçlü ve enerjik hissetmezsin, harekete geçemezsin. Başarılı insanlara bakın. Onları heyecanlandıran, enerji veren, gece geç yatırıp, sabah erken kaldıran, hayatlarına anlam veren, bir sonraki günü sabırsızca beklettiren, hayattan tat almalarını sağlayan hayalleri ve hedefleri vardır. Yürüyüşlerine bir ritim katan, sempatik kılan, gözlerine ışıltı veren hayalleri.

Ulaşmak istediğin bir hayalin yoksa çalışmaktan zevk almazsın. Yorulursun, sıkıntıdan patlarsın. İşin bitmesi ve bir an önce eve gitmen için gözün sürekli saatte olur. Mutsuzluğun evde de devam eder.

Hayallerini ve ideallerini bıraktıysan, bari yaşamayı da bırak.

Bir hayalin yoksa, paparazzi ve popstar programlarının veya futbol takımlarının fanatik bir taraftarı ya da mahallendeki video kulübünün en gözde üyesi olursun. Günde 4 - 5 saat amaçsızca televizyon seyredersin. Medya kuruluşlarının gündemini oluşturmasını beklersin.

Hedeflerin olmadığında, hayatına sen yön veremezsin. Kendine olan saygını kaybedersin. Patronu suçlarsın, şansı suçlarsın, anne ve babanı suçlarsın, hükümeti suçlarsın, kaderi suçlarsın. İçindeki boşluk hissi büyür.

HEDEFLER

Sadece günü kurtarmak için yaşarsanız, elde edeceğiniz de odur. Öte yandan hayatınızın bu şekilde geçmesini istemiyorsanız, tek yapmanız gereken odağınızı biraz değiştirmek.

Günlük telaşlar önemsiz mi? Ailenizin gelirini temin etmek, faturaları ödemek, çocuklarınızın ihtiyaçlarını karşılayıp iyi bir eğitim sağlamak elbette çok önemlidir. Bunları sağlamalısınız. Ama ben sizi hayata daha geniş bir pencereden bakmaya davet ediyorum. Tekrar hayal kurmanızı istiyorum. Küllenmiş arzularınıza yeniden ulaşmanızı istiyorum. Günlük koşuşturmanın içinden biraz sıyrılıp bir üst seviyede düşünmenizi istiyorum.

Amaçlarınız olursa, hayat size heyecan verir. Hedefler hayatınıza bir derinlik ve bir anlam katar. Sevdiklerinizle daha içten paylaşımlar yaşarsınız. Doyumlu bir hayatınız olur, çünkü yaşama sevinciyle dolu olursunuz.

Hiçbir şeyi hedeflemezseniz, her zaman hedefinizi tam on ikiden vurursunuz.

Eğer hedefler belirlemezseniz, hayatınız rutinleşir. Her aştığınız zorluk, karşınıza tekrar tekrar gelir. Bazılarınız aynı sorunlarla boğuşmaktan yoruldunuz. Kendinize yeni hedefler belirlemelisiniz. Bu sayede kendinize yeni pencereler bulup, farklı denizlere yelken açabilirsiniz.

Hedef, bir hayalin tarih saptanıp eylem planıyla desteklenip, harekete geçilmesidir. Tüm başarılı insanlar, sürekli hedefler belirleyip bu doğrultuda çalışırlar.

Hayatınızda önemli bir başarı kazanmamış olsanız da, hedefler saptayıp bunları yazar, düşünür ve konuşmaya başlarsanız, performansınızda ve başarı seviyenizde ciddi bir çıkış yakalarsınız.

Sen neye hazırsan, o da senin için hazırdır.

Marc Victor Hanson

Toplumumuzdaki mutsuzluğun çoğu, insanların nereye gittiğini bilmemesinden kaynaklanıyor. Hayatlarının bir anlamı ve amacı olmamasından dolayı keyifsiz, kızgın, yabancılaşmış ve düşmanca bir haldeler.

Dünyamızda olup bitenleri, bizim için önemli olduğu oranda fark ederiz. Bakıp da görmediğimiz, dikkat etmediğimiz o kadar çok şey var ki. Hiç çocuklarınıza veya eşinize bakıp söylediklerini duymadığınız oldu mu? Hedefiniz yoksa, bakıp görmeyebilirsiniz. Hedefiniz netleştiğinde ise, ihtiyacınız olanlar size doğru sıçramaya başlar.

Bir şeyi orada olduğu için değil, onu görmek için sebebiniz olduğunda görürsünüz. Bir araba almaya karar verdikten sonra, aynı arabadan yollarda ne kadar çok olduğunu hiç fark ettiniz mi? Bu arabalar kendi kendilerine çoğalmaya başlamadılar, yeni farkındalık seviyenizden dolayı onları görmeye başladınız.

Bir adam halinden yakınır dururmuş:

"Çalışıyorum, didiniyorum sonunda ancak geçinebiliyorum. Üstelik tek başınayım, kimsem yok."

Böyle mutsuz bir şekilde sızlanıp dururken, bir karar vermiş: Yollara düşüp bir melek bulacak, halini anlatıp ondan bu haksızlığı düzeltmesini isteyecekmiş.

Yola koyulmuş. Dağda giderken bir kurtla karşılaşmış. Ayakta zor durabilen, bir deri bir kemik kalmış kurt, adama yaklaşmış, nereye gittiğini sormuş. Adam derdini anlatmış, "Bir melek arıyorum. Onu bulup bana yapılan haksızlığı düzeltmesini isteyeceğim."

Bunun üzerine kurt, "Bana da bir iyilik yapar mısın?" demiş, "Ben de gece gündüz dolaşıyorum, bir lokma yemek zor buluyorum. O meleğe benden söz et, böyle açlıktan ölen kurt da olur muymuş diye sor."

Adam tekrar yola koyulmuş. Çok geçmeden karşısına güzel bir kız çıkmış. Kız da ona nereye gittiğini sormuş. Hikâyesini dinledikten sonra adamın ellerine sarılmış: "Yalvarırım, o meleğe benim durumumu anlat. Gencim, güzelim, zenginim, her şeyim var ama mutsuzum. Mutluluğa ulaşabilmek için ne yapmam lazım, ne olur o meleğe sor."

Adam, melekle kız için de konuşacağına söz vermiş ve yola devam etmiş. Yorulduğu bir sırada dinlenmek için bir ağacın altına uzanmış. Fakat çevresi yemyeşil olan bu ağacın neredeyse tek yaprağı bile yokmuş. Tabii ağaç, bu duruma çok üzülüyormuş. Adamın meleğe gittiğini anlayınca, "Ne olur o meleğe benim durumumu da sor." demiş.

Adam, ağaca da, "Peki" dedikten sonra yola koyulmuş. Nihayet bulmaktan ümidini kestiği sırada melek karşısına çıkıvermiş. Adam derdini anlatmış:

"Gece gündüz demeden çalışıyorum. Dünyanın hiçbir nimetinden yararlanamıyorum. Acınacak bir hayatım var. Benden çok daha az çalışıp çok daha fazla sefa süren birçok insan var. Söyler misin; eşitlik, hak, adalet bunun neresinde?"

Adamı dinleyen melek, "Tamam, tamam" demiş. "Zengin ve mutlu olabilmen için sana bir şans veriyorum. Şimdi geldiğin yoldan evine dön"

Meleğin bu sözleri üzerine rahatlamış adam ve kurdun, kızın ve ağacın ricalarını da meleğe söylemiş. Melek onlar için de bir şeyler söylemiş. Adam bunları dikkatle dinlemiş ve dönüş yoluna koyulmuş. Uzun bir yolculuğun ardından ağacın yanına gelmiş ve meleğin söylediklerini anlatmış:

"Köklerinin tam yanında gömülü altın dolu bir sandık varmış. Bu yüzden beslenemiyormuşsun. Beslenemediğin için yaprağın ve meyven yokmuş. Sandık çıkarılırsa senin de meyven ve yaprağın olacak."

"Yaşasın" demiş ağaç. "Çabuk orasını kaz ve sandığı çıkar."

"Hayır" demiş adam, "Melek bana kendi şansımı verdi. Evime dönmem lazım."

Yoluna devam etmiş. Genç kız bıraktığı yerde onu beklemekteymiş. Ona, "Sevinçlerini ve acılarını paylaşabileceğin birini bulup da evlenirsen bütün dertlerin hallolacak, mutlu olacaksın." demiş. O zaman kız, "Hadi seninle evlenelim, mutlu olmaya çalışalım." diye atılmış.

Adam, "Hayır, olmaz. Buna zamanım yok. Melek benim şansımı verdi, bir an önce evime gitmeliyim. Sen de artık kendine bir koca bul." demiş.

Çok geçmeden o zayıf, bir deri bir kemik kalmış kurt çıkmış karşısına... Adam olanı biteni ona da anlatmış. Kendi şansımı bulmak için evine gittiğini, acelesi olduğunu söylemiş. "Peki, ya ben?" demiş kurt, "Benim için ne dedi?"

"Senin için ne dediğini ben de anlamadım" demiş adam; "Melek dedi ki, o kurt yiyecek bir aptal bulamazsa aç ve susuz dolaşmaya mahkûmdur."

Kurt, "Ben çok iyi anladım" demiş ve aptalı yemiş.

İşte bizde hedef belirlediğimizde, sürekli yanımızdan geçen ve göremediğimiz fırsatları fark etmeye başlarız.

Hayallerinizi belirginleştirip hedeflere dönüştürmeniz gerekiyor. Hedeflerinizi belirleyip hayata geçirmek için ise, dikkat etmeniz gereken bazı prensipler var. Şimdi bunları sırasıyla inceleyelim.

a)Hedeflerin ayrıntılı ve ölçülebilir olması gerekir.

Birçok kişiye 'Hedefiniz nedir?' diye sorulduğunda, 'Mutluluk istiyorum, huzur istiyorum, başarılı olmak, çok para kazanmak, özgür olmak istiyorum.' şeklinde cevap verirler. Bunlar birer hedef değil, sadece istek ve arzulardır.

Hedefler belirgin ve ölçülebilir olmalı. Güzel rüyalar görebilirsiniz; işyerinde değerinizin bilinmediğini, daha iyi bir iş bulabileceğinizi, büyük projelere imza atacağınızı, bir gün şansın size de güleceğini ya da bir gün sizi zengin edecek bir makina icat etmenin düşünü de kurabilirsiniz. Paparazzi ve popstar programlarını seyredip, günün birinde sizin de ünlü olabileceğinizin hayalini de kurabilirsiniz. Genç yaşta spora yönelebilseydiniz, ünlü bir futbolcu olmuş olabileceğinizi hayıflanarak düşünebilirsiniz. Tek çözümün ülke dışına kaçmak olduğunu da. Ama eylem planı oluşturup, ilerlemenizi ve aldığınız sonuçları değerlendirebileceğiniz net bir hedef belirleyemiyorsanız, istekleriniz hoş bir rüyadan öteye gidemez. Hedefiniz bütün detaylarıyla net ve kesin olmalı.

Kilo kaybı bir hedef olabilir. Çünkü bugünkü kilonuz belli ve ulaşmak istediğiniz kiloyu da net olarak ifade edebilirsiniz ve bu yüzden hedefinize ulaşıp ulaşmadığınızı tespit edebilirsiniz. Kazancınızı arttırmak, belli bir miktar para biriktirmek ya da borcu kapatmak bir hedef olabilir. Varmak istediğiniz yer net ve ölçülebilir olmalı.

b)Hedefler yazılı olmalıdır.

Ne istediğinize karar verin ve kâğıda yazın.

Üzgünüm, ama bu kadar basit.

c)Hedefleriniz temel değerlerinizle uyum içerisinde olmalıdır.

Bir insanın kendini en önemli hissettirenin ne olduğunu söyleyin, ben size o kişinin bütün yaşam felsefesini söyleyeyim.

Dale Carnegie

İki adam küçük bir botla balığa çıkmışlardır. Balığa gittikleri gün sakin bir gündür. Ta ki kancaya takılan kocaman bir balık, kurtulmak için çırpınırken, adamı çekip suya düşürünceye kadar... Adam yüzmeyi bilmemektedir ve panik içinde:

'Yardım et!' diye bağırır arkadaşına 'Kurtar beni!'

Arkadaşı elini uzatır ve adamı bota çekebilmek için saçlarından yakalar. Ama tutup çekmek istediğinde, adamın peruğu elinde kalır ve adam tekrar suya batar. Kafasını zorlukla çıkarıp, çığlık atmaya devam eder:

'Yardım et bana, yüzme bilmiyorum!'

Arkadaşı tekrar uzanır, bu kez kolunu yakalar. Tam çekecekken, kol yerinden çıkar. Bu takma bir koldur!

Boğulmak üzere olan adam çırpınmaya devam etmektedir.

Arkadaşı üçüncü kez uzanır. Bu sefer adamın bacağına denk gelir ve çeker. Çektiği tahta bir bacaktır!

Adamın boğulmasına ramak kalmıştır, ama debelenmeye ve çığlık atmaya devam eder.

Arkadaşı sıkılmış bir şekilde bağırır:

'Tek parça değilsin ki, nasıl yardım edeyim sana?'

Siz de değerlerinizle bir bütünlük içerisinde yaşamalısınız.

Şu soruyu kendinize sorun:

Yaşamın benim için anlamı nedir?

Değerlerinize aykırı bir şekilde yaşarsanız, mutlu olamazsınız.

Sizi gerçekten mutlu edecek şeyler nedir? Para mı, kariyer mi, tanınmak mı, dostluk ve insanlara yardım etmek mi?

Başarılı insanları inceleyen tüm araştırmalar her zaman şunu ortaya koyar: Başarı, mesleğinizde öne çıkmanızı gerektirir. Siz de mesleğinizin bir dalında uzmanlaşmalısınız, kendinizi adamalısınız. Bu da ancak sevdiğiniz bir konuda çalışmanız ile mümkün olabilir.

Bir alanda sıra dışı olmazsanız, kendinizi hiçbir zaman mükemmel ve güvende hissedemezsiniz. Bir adam sabah aynaya baktığında, aynada kendisine geri bakan adamın bir konuda iyi olduğunu bilmezse, hiçbir zaman kendisini gerçek anlamda sevip saygı duyup kabul edemez. Bir insan bir konuda sıra dışı değilse, her şeyde en fazla vasat birisidir. Bir konuda iyi olduğunuzu bilmezseniz, kendinizi huzursuz ve güvensiz hisseder ve neyi iyi yaptığını bilen insanların yanında rahat olamazsınız.

Yaşadığı şehirden, bulunduğu ortamdan, kısacası yaşantısından sıkılan bir adam, cebindeki az bir miktar parayla yanına hiçbir şey almadan bulunduğu kenti terk edip daha önce hiç bilmediği bir ülkeye gitmiş. Oraya henüz alışmaya çalışırken birden bir ses duymuş. Bir çığırtkan, avazı çıktığı kadar meydanda bağırıyormuş:

'Tiyatro! Gelin! Kaçırmayın! Bu akşam Tiyatro!' Adam hayatında hiç tiyatroya gitmemiş ve inanılmaz derecede merak etmiş. Biletin nereden alındığını öğrenmiş. Bilet fiyatı cebindeki tüm para kadar olmasına rağmen hiç tereddütsüz bileti almış. Akşam olmuş, başlamış merakla oyunu izlemeye.

Oyun bitmiş, herkes dağılmış ve bizim meraklı öylece kalmış, izlediği muhteşem oyunun karşısında. O sırada temizlikçi tarafından salonu boşaltmak için ikaz edilmiş. Adamsa, 'Bana müdürünüzün yerini söyler misiniz? Onunla bir şey konuşmam gerek.' demiş.

Seyrettiği oyunun etkisiyle müdürü ile konuşmuş ve buranın bir parçası olmak için ne iş olursa olsun çalışmak istediğini belirtmiş. Müdür çok şanslı olduğunu, şu sıralar bir temizlikçi aradığını fakat önce onu denemesi gerektiğini ifade etmiş ve denemek üzere aylardır el değmemiş kütüphanenin temizliğini uygun bulmuş. 'İşte burayı temizle. Eğer beğenirsem seni işe alırım.' demiş ve gitmiş.

Tiyatro aşkının verdiği şevkle temizlik beklenenden kısa sürede bitmiş. Müdür odayı görmeden adamın samimiyetine inanmamış. Onu diğerleri gibi işi savsaklayan biri sanmış. Fakat odanın temizliğini görünce hayretler içinde kalmış. Aylardır içeriye girilmeyen oda gıcır gıcır oluvermiş. Müdür bu çabuk ve becerikli adamı işe almaya karar vermiş:

'Tamam, seni işe alıyorum.'

'Fakat benim yatacak yerim yok.'

'O zaman burada yatarsın ve işe daha erken başlarsın.'

İstediği olan tiyatro tutkunu huzurlu bir şekilde odayı terk ederken müdür:

'Adın neydi senin, buraya yazalım…' demiş.

Aldığı cevap ise;

'William! William Shakespare!' olmuş.

Hayattan ne istediğinize karar verip o uğurda çalışmaya başladığınızda, hayatta ulaşabileceğiniz en büyük sevinci ve tatmini yaşarsınız.

Sevdiğiniz bir işi yapıp başarısız olmak, nefret ettiğiniz bir işte başarılı olmaktan çok daha iyidir.

Genç bir adam, annesinin ve babasının isteği üzerine o yıl Teksas Üniversitesi'nde öğrenimine başlayacaktır. Ama kafası arabasının arka koltuğunda duran bilgisayardadır. Austin'deki yurt odasına yerleşir yerleşmez, bilgisayarın içini açar ve incelemeye başlar.

Piyasadan 3 bin dolara satın aldığı bu bilgisayarın içindeki parçalarının değeri sadece 600 dolardır. Kafasından basit bir matematik yapar ve 'Ben bu bilgisayarı tüketiciye nasıl daha ucuza satabilirim?' diye düşünür.

Okul açılır ve bir süre sonra dersler kötü gitmeye, notlar düşmeye başlar. Bunu öğrenen anne ve babası, bir sabah ona haber vermeden uçağa atlayıp Austin'e gelirler ve havaalanından kendisini ararlar. Genç Michael, parçalarına ayırdığı bilgisayarları arkadaşının odasındaki banyoya doldurup perdesini çeker. Ailesi gelir ve işte orada belki de hayatının en önemli anlarından birisini yaşar. Babası doğrudan söze girer: 'Bu bilgisayar zımbırtısını bir tarafa bırak ve artık derslerinle ilgilenmeye başla.'

Evet, onun geceleri rüyasına bile giren bilgisayar için babasının kullandığı kelime budur – zımbırtı. Babası aynı hızla devam eder: 'Artık önceliklerini belirle ve hayatta ne yapmak istediğine karar ver.' Oysa Michael'in bu soruya cevabı çoktan hazırdır ve nitekim hemen verir: 'IBM ile rekabet etmek istiyorum.'

Bir yanda anne ve babasının eğitimi için yaptığı baskı, öte yanda içindeki sesin ona 'Yürü' dediği istikamet. Bu ikilemle karşı karşıya kaldığı gün henüz 18 yaşındadır. Anne ve babasının ısrarı ağır basar. Canı gibi sevdiği bilgisayarları bir kenara bırakıp, derslerine döner. Ancak bu sadece üç hafta devam edebilir. Sonunda yine bilgisayar aşkı galip gelir ve bir daha ayrılmamak üzere, dağılıp parçalanmış çiplerin bulunduğu bilgisayar tezgâhına geri döner. Anne ve babasını ikna edip okuldan ayrılması mümkün değildir. O nedenle kendi kararını kendi verir. Okulunun ilk yılını bitirir ve okuldan ayrılır.

İçindeki sesin işaret ettiği yolda yürüyen Michael Dell bugün dünyanın en büyük bilgisayar üreticisi DELL şirketinin sahibidir.

Ve bugün sadece www.dell.com adresli siteden güne yaklaşık 15 milyon dolarlık bilgisayar satılıyor...

d)Hedeflerinize İnanmalısınız

Bir yaz mevsimi, kuraklık küçük bir köydeki ekin için tehdit oluşturmaya başladı. Sıcak bir Pazar günü Hoca cemaatine şöyle dedi, 'Bizi yağmur duasından başka hiçbir şey kurtaramaz. Eve gidin, dua edin, inanın ve gelecek pazar Allah yağmur yağdıracağı için teşekkür etmeye hazır olarak gelin.'

İnsanlar kendilerine söylenenleri yaptılar ve bir sonraki pazar camiye geldiler. Ama Hoca onları görür görmez kızdı.

'Bugün dua edemeyiz. Henüz yeterince inanmıyorsunuz.' dedi.

'Ama' diye itiraz ettiler, 'Dua ettik ve gerçekten inanıyoruz.' 'İnanmak mı?' diye sordu hoca, 'O zaman nerede şemsiyeleriniz?'

Dış dünyamızda bir şeyler olmadan önce, iç dünyamızda bir şeyler olmalıdır.

e)Plan yapın - Hedefinizi eyleme dökün.

Temel, Fadime ve Dursun arabayla giderlerken bir polis arabayı durdurmuş. Polis, 'Merhaba efendim, bugün emniyet kemerini takan ilk sürücü sizsiniz; bu yüzden size bir hediyemiz olacak, tam 200 YTL!' Polis parayı vermiş ve Temel'e sormuş:

'Bu parayı nasıl değerlendirmeyi düşünüyorsunuz?'

Temel, 'Hemen cidip ehliyet alacağum!' demiş.

Polis, 'Ulan senin ehliyetin yok mu?' deyince Fadime lafa atlamış: 'Siz ona bakmayın memur bey, bu içince hep böyle sapıtıyor.' Polis sinirlenmeye başlamış, bu arada Dursun lafa atlamış: 'Ula ben size demedum mu çalınti arabayla yola çıkmayalım tiye.' Polis iyice zıvanadan çıkmış ve birden bagajdan bir ses gelmiş: 'Ne oldu uşaklar, geçtik mu sinuru?'

Eğer plan yaparsanız, başarısız olma ihtimaliniz düşük olur. Eğer başarısızlığa uğradıysanız, bu büyük bir ihtimalle doğru planlama yapmadınız ya da plana bağlı kalmadınız demektir.

Asla bir stratejiye bağlı kalmam. Bir tanesinin başarısız olması durumunda yedekte bekleyen daha pek çok stratejim vardır.

Donald Trump

Kararlılıkla esnekliği harmanlamanız gerekir.

Fatih Sultan Mehmet'in İstanbul'u fethetmek için kaç tane projesi olduğunu biliyor musunuz? 40 farklı proje hazırlıyor ve 4. projesiyle fethediyor. Gemilerin karadan yürütülmesi o an verilmiş bir karar değildir. Fatih Sultan Mehmet daha fetih planı hazırlanırken eğer Haliç'ten geçemezsek, o zaman ne yaparız sorusunu düşünmüş ve çözüm olarak gemilerin karadan yürütülmesi gerektiğini projeye dahil etmiştir. Alternatifi olmayan en güzel bir plan bile başarısızlığa uğrayabilir.

f)Hedefinizi gerçekleştireceğiniz bir tarih belirleyin.

Hedefler saptamayı sevmiyoruz, çünkü üzerinde tarihleri var. Hedef saptarsanız, bir tarih tespit edeceksiniz ve sürenin sonuna yaklaşıldıkça, bütün engeller ortaya çıkacak. 'Bir gün şunu yapacağım.' dersem, üzerimde baskı olmaz, engeller karşıma çıkmaz ve bunları aşmam da gerekmez. Başarısızlık ve reddedilme korkusuyla yüzleşmem gerekmez. Ama aynı zamanda, istediklerime de sahip olamam.

Bir gün yapılacak olan hiçbir zaman yapılmaz.

Ertelemenizi engelleyecek ve bir an önce harekete geçmenizi sağlayacak bir zaman diliminin olması gerekiyor. Okuldayken ödevimizi bitirmemiz gereken tarihler verilirdi. O ödevi son günde, hatta aynı gün ders saatinden hemen önce kantinde bitirmiş olsak bile o derse yetişirdi. Belli bir zaman diliminin olması, bizim varımızı yoğumuzu ortaya koymamızı ve kendimizi geliştirmemizi sağlar. Kesin bir tarih tespit etmelisiniz. Tam olarak ne zaman, hangi gün? Mayıs 2010 bir hedef değildir. 23 Mayıs 2010 bir hedeftir.

g)Çalışma Etiğiniz

Geçmişinizi bilmek istiyorsanız, bugünkü şartlarınıza bakın. Eğer geleceğinizi görmek istiyorsanız, bugünkü yaptıklarınıza bakın.

Çin Atasözü

Ahmet, askerlik arkadaşı Cemal'in mektubunda, 'Ahmet valla burada yerdeki paraları toplasan zengin olursun!' demesi üzerine kalkar Amerika'ya gider. Uçaktan iner inmez bir bakar ki yerde 100 dolar. Yüzünü buruşturup: 'Hadi canım sen de, ilk günden işe mi başlanır?' deyip yerdeki parayı almadan yoluna devam eder.

Aslında herkes bir şeyler yapmak ister. Ama gereken çabayı ortaya koyan çok az kişi bulunur.

Haftada 40 saat hayatınızı idame ettirmek için çalışırsınız. 40 saatin üzerindeki her saat çalışma başarı içindir.

f)*Hayalinizi Canlı Tutmak*

Steven Callahan, 1982 senesinde tek başına yelkenliyle Atlantik'i geçmeye çalışırken kaza geçirdi ve teknesi batmaya başladı. Bir cankurtaran botuna sığınmayı başardı. Ama ne bulunduğu yer gemilerin rotasının üzerindeydi, ne de botunun kontrolünü elinde tutabiliyordu. Üstelik erzakı çok azalmıştı. Hayatta kalmak için görünürde çok az şans vardı.

Ama kazadan tam yetmiş altı gün sonra kurtarma botunun üzerinde buldukları Callahan hala yaşıyordu. Yola koyulduğu zamandakinden çok daha zayıf ve güçsüz bir halde olsa da hayattaydı.

Nasıl hayatta kaldığının hikâyesi büyüleyiciydi. Nasıl balık tutmayı başardığı, güneşe karşı cildini nasıl koruduğu konusundaki deneyimleri çok ilginçti. Callahan hayatta kalmak için deniz suyunu bile buharlaştırmayı başarmıştı.

Ama en dikkat çekici şey, tüm umutların kaybolduğu, mücadele etmeyi sağlayacak şartların kalktığı bir anda verdiği mücadeleydi. Kurtarma botu delindiğinde bir haftadan fazla zayıf vücuduyla onu tamir etmeye çalışmış, hala hava kaçıran botu şişkin halde tutmak için bitap düşmüş, müthiş acılar çekmiş, ama ayakta ve hayatta kalmayı başarmıştır. Bulunduğu sırada açlıktan ölmek üzereydi. Ciddi derecede susuz kalmıştı. Son derece yorgundu. Bu duruda, her şeyi bırakmak en makul seçenek gibi gözüküyordu, ama Callahan inatla yaşamayı seçmişti.

Callahan öyküsünü anlatırken, 'Beni hep ümit hayata bağladı.' diyordu. 'Kendi kendime defalarca 'Hayatta kalabilirim!' dedim ve bunu hayal ettim. Gücümü kaybeder gibi olduğum her anda bu sözü tekrarladım.'

Bu adam tüm yaşadıklarına rağmen umudunu ayakta tutabiliyorsa, siz tutamaz mısınız?

Korku, kendinden şüphe etmenin ve güven eksikliğini yenmenin en kesin yolu, hedefinizi gerçekleştirme yolunda günlük ilerlemeler kaydetmektir.

Şu anda yapmanız gereken tek bir öncelikli hedef belirlemek, plan yapıp bu doğrultuda çalışmak. Çalışmaya hemen bugün başlayın. Her gün sizi hedefinize yaklaştıracak ekstra bir şey yapın. Hayaliniz ve hedefiniz dokunuzun ve hücrelerinizin bir parçası haline geldiğinde, karşınıza çıkan hiçbir şey sizi durduramayacak.

HIRS

İki esnaf birbirinden nefret ediyordu. Hırslı bir rekabet vardı aralarında. Bir gün bu esnaflardan biri dükkânın bodrumunda bir lamba buldu. Onu temizlemek için ovalarken içinden bir cin çıktı.

Cin adama sordu,

'Dile benden ne dilersen! Yalnız bir kural var. Kendine ne dilersen, iki mislini karşındaki komşuna vereceğim. Çok zengin, sağlıklı ve mutlu olmayı dilersen, iki katını karşı komşuna vereceğim. Şimdi karar ver ve isteğini söyle.'

Adam düşündü ve dileğini, söyledi:

'İşimin yarısını kaybetmek istiyorum.'

Siz Bir Dahisiniz

Sürekli yeni şeyler keşfedemeyiz, ama keşfettiğimiz şeylere yeni gözlerle bakabiliriz.

Proust

Yaratıcı Düşünmek

En son ne zaman yaratıcı bir fikir buldunuz? Bu sabah mıydı? Belki dündü? Geçen ay? Belki de bir yıl önceydi? Karşılaştığınız problemleri çözerken sadece bir, iki ya da üç yolla mı çözmeye çalışıyorsunuz? Her şeyin nasıl yapılması ya da çözülmesi gerektiği zaten belli mi? 'Her şeyi denedim, yapılacak başka bir şey kalmadı.' dediğiniz oluyor mu?

İstiklal Caddesi'nde bir bahar günü, kör bir adam dilencilik yapıyormuş. Dizlerinin dibine bir tabela koymuş. Üzerinde 'DOĞUŞTAN KÖR' yazılıymış. Herkes dilencinin önünden gidiyormuş. Bir reklamcı bunu görmüş. Tabelayı almış arkasına bir şeyler yazmış, olduğu yere tekrar bırakmış. Ne olduysa olmuş. Gelip geçen ve bu tabeladaki yeni yazıyı okuyan herkes, başlamış dilencinin önündeki şapkaya, habire para atmaya.

Bir cümle yetmiş onca kişiyi etkilemeye ve dilencinin şapkasının kısa sürede ağzına kadar parayla dolup taşmasına...

'GÜZEL BİR BAHAR GÜNÜ...

AMA BEN BAHARI GÖREMİYORUM.'

Yaratıcı düşünmek nedir? Herkes ile aynı şeye bakıp farklı bir şey görmektir. Beş yüz yıl önce, bir kişi para basan pres ile şarap ezen makineye bakarak farklı bir şey gördü. Bu iki makine arasında bir şey düşünerek, matbaa baskı makinesini icat etti.

Neden birçoğumuz yaratıcı değiliz? Neden zihin gücümüzün sadece ufak bir bölümünü değerlendirebiliyoruz?

Yaz tatiline giren 14 yaşındaki Ahmet'e yapması için anne ve babası bir iş verir; bahçenin çitleri boyamak. Bahçe çitlerini boyaması tüm gününü alacaktır. Birkaç boy fırça, boya ve çitlerle baş başa kalmıştır.

Ahmet boyamaya başlar. Ancak hava sıcaktır ve bir saat sonra yorulup boya yapmaktan sıkılmıştır. Arkadaşları ise büyük bir çınar ağacının gölgesinde oyun oynamaktadır. Bir süre sonra arkadaşları yanına gelip Ahmet'i izlemeye başlayınca Ahmet büyük bir şevkle çitleri boyamaya başlar. Çocuklardan birisi ne yaptığını sorar.

Ahmet, 'Annem babam çitlerin hepsini boyamama izin verdi. Gerçekten harika bir şey, çok zevkli.'

'Biz de boyayabilir miyiz?' diye sorar çocuklar.

Ahmet'se, 'Hayır, hepsini ben boyayacağım.' der.

'Ne olur, bari birazcık boyayalım.' 'Tamam.' der Ahmet, 'Kimler kola ısmarlarsa onların boyamalarına izin vereceğim.'

Bütün çocuklar ellerine birer fırça alıp çitleri büyük bir heyecanla boyamaya başlar. Ahmet'se gölgeye oturup aldığı kolaları birbiri ardına dizer ve mahallenin güneş altında çalışan çocukları izleyerek büyük bir keyifle içer.

Burada değineceğimiz bazı prensipleri ve yöntemleri işyerinizde, aynı zamanda özel yaşamınızda ve evinizde kullanabileceksiniz. Mesleğiniz ne olursa olsun; satış konusunda çalışıyorsanız, ev hanımıysanız, mühendisseniz, işçiyseniz, doktorsanız, bürokratsanız, memursanız, yöneticiyseniz, sekreterseniz, kendi işiniz varsa ya da iş arıyorsanız, bu prensiplerden faydalanabilirsiniz. Bunları kullanmaktan keyif alacaksınız. Sizi heyecanlı maceralara itebilirler.

İçinden çıkılması imkânsız gibi görünen problemlere çözümler getirebileceksiniz. Bu prensipler uzun zamandır aradığınız ve istediğiniz sıçramayı yapmanızı sağlayacak fırsatları yakalamanıza yardımcı olacaklar.

Yaratıcı zekâmızı nasıl kullanabiliriz? Yaratıcılığın önündeki engeller nedir? Bunları aşmak için neler yapabiliriz?

HAYAL GÜCÜNÜZÜ KULLANIN

Her gün, 'ya', 'eğer' soruları sorun. Mesela, ya erkeklerin de çocukları olsaydı, toplumumuzda neler değişirdi? Ya hız limitlerine göre yollar belli bir renkte olsaydı? Doksan için yeşil, elli için sarı ve otuz için kırmızı olsaydı? Oldukça renkli bir toplum olurduk herhalde. Ya insanın ortalama ömrü yüz elli yıl olsaydı? Yaşlanmaya bakışımız nasıl olurdu? Gelecek için nasıl yatırım yapardık? Ailelerde belki altı nesil bir araya gelirdi. Ya hayatımızı sondan başa doğru yaşamış olsaydık?

Nebraska'da yaşlı bir adam yaşardı. Patates ekimi için bahçeyi bellemesi gerekiyordu, ama bu çok zor bir işti. Tek oğlu olan David ona yardım edebilirdi, fakat o da hapisteydi.

Yaşlı adam oğluna bir mektup yazdı ve sorununu açıkladı:

Sevgili David,

Patates bahçemi belleyemeyeceğimden kendimi çok kötü hissediyorum. Bahçeyi kazmak için oldukça yaşlanmış sayılırım. Burada olsan bütün derdim bitecekti. Biliyorum ki, sen bahçeyi benim için hallederdin.

Sevgiler, Baban...

Birkaç gün sonra oğlundan bir mektup aldı.

Babacığım, Allah aşkına bahçeyi kazma. Ben oraya cesetleri gömmüştüm.

Sevgiler, David...

Ertesi gün sabaha karşı FBI ve yerel polis çıkageldi ve tüm bahçeyi kazdı, ama hiçbir cesede rastlamadılar. Yaşlı adamdan özür dileyerek gittiler. Aynı gün yaşlı adam oğlundan bir mektup daha aldı.

Babacığım,

Şimdi patatesleri ekebilirsin. Bu şartlarda yapabileceğimin en iyisini yaptım.

Sevgiler, David...

Bir şeyin imkânsız olduğuna inanırsanız, gerçekleşme ihtimalini otomatikman devre dışı bırakırsınız.

GENELLEME YAPMAYIN

Keloğlan dere kenarında oturmaktadır. Oradan ciple geçen adam suyun derin olup olmadığını sorar. Keloğlan derin değildir, geçebilirsin.' der. Adam da Keloğlana güvenerek suya cipiyle girer. Cip bir anda sulara gömülür. Sırıl sıklam sudan çıkan adam Keloğlan'ın yakasına yapışır: 'Hani derin değildi alçak herif!' Keloğlan: 'Ağabey vallahi benim suçum yok, demin bir ördek geçiyordu, su ancak beline geliyordu.'

Genelleme yaparız ve olaylara düz mantıkla bakarız. Yanlış varsayımlar her başarısızlığın temelinde yatar.

Hayvanat bahçesindeki tek kangurunun, kapatıldığı yerden çıkıp, bahçede dolaştığını gören yetkililer, hemen bir önlem aldılar. Kangurunun zıplama yeteneğini bildiklerinden, onun bulunduğu bölümün çevresindeki tel örgü duvarı iki metre daha yükselttiler.

Fakat sabah uyandıklarında, kangurunun yine dışarı çıktığını ve hayvanat bahçesindeki yollarda gezindiğini gördüler.

Yetkililer, aldıkları önlemin yetersiz olduğunu anladılar ve iki metre yükselttikleri tel örgülerin boynunu iki metre daha yükselttiler.

Fakat ertesi sabah, bu önlemlerin de yeterli olmadığını gördüler. Çünkü kanguru, kapatıldığı bölümden yine çıkmış, hayvanat bahçesinde yine özgürce dolaşıyordu.

Başka bir önlem düşünemeyen hayvanat bahçesi yetkilileri, çareyi yine tel örgülerin yüksekliğini arttırmakta buldular. Kangurunun kaldığı bölümü çevreleyen tel örgülerin yüksekliğini bu kez on beş metreye çıkardılar.

Hayvanat bahçesinde kangurunun yanındaki bölümde kalan deve, komşusunun çevresindeki tel duvarın hemen her gece yükseltilmesi karşısında daha fazla dayanamadı ve sordu:

'Kanguru kardeş, bu durumun sonu ne olacak böyle? Senin bölümün çevresindeki tel örgünün boyunu yükseltilmesi ne zamana kadar sürecek dersin?'

Kanguru bir yandan gülerken, bir yandan da deveyi yanıtladı:

'Yetkililer bahçe kapısını geceleri kilitlemeyi öğreninceye dek!'

Sibirya'nın köylerinden birinde cenaze mezarlığa götürülüyormuş. Mısır tarlasının ortasında tabut köylülerin ellerinden düşüvermiş. Tabutun içindeki ceset düşüp dereye yuvarlanmış. Akıntı cesedi dinamitle avlanan balıkçıların yanına sürüklemiş. Balıkçılar, 'Acaba adamı dinamitle biz mi öldürdük?' diye endişeye kapılarak cesedi askeri kışlanın tellerine bırakmışlar. Nöbetçi er, bölgeye birinin yaklaştığını düşünerek cesedi yaylım ateşine tutmuş. Hemen ambulans çağırılmış. Delik deşik olan ceset hastaneye kaldırılmış. Operasyon 6 saat sürmüş. Ameliyattan çıkan doktor alnından akan terleri silmiş ve 'Çok zor oldu ama hayati tehlikeyi atlattı!' demiş.

Türk'ün biri uçakla Amerika'ya gitmiş, çok yorgun olduğu için bir otele yerleşmiş ve uyumaya koyulmuş. Fakat tam uyuyacakmış ki, yandaki daireden müthiş gürültü ve müzik sesleri gelmiş. Adam dayanamamış, duvarı yumruklayıp,

'Kimsin! Uyumaya çalışıyoruz, bu ne gürültü' diye bağırmış.

Karşı daireden tek ses:

'Jean Claude Van Damme'

Bizim Türk bağırmış:

'Gelirsem dördünüzün de bacaklarını kırarım!..'

Neyi varsayıyorsunuz? Yanlış olabilir mi?

Ya şimdiki yaptığınızın tam tersini yapıyor olsaydınız? Ya onun da tersini?

DAHİLERİN İKİ ÖZELLİĞİ

Yaratıcı zekâ, bir problemle karşılaşıldığında ortaya çıkan bir davranış biçimidir. Dahice fikirler bulmanız için yüksek bir zeka seviyesine sahip olmanız gerekmez. Birçok dâhinin sıradan IQ'ları vardır. Dahiler, çünkü zihinlerini başkalarının kullandığından daha iyi kullanırlar.

Dâhilerin bir özelliği, akıllarının çocuk gibi olması. Yeni fikirlere açıktırlar. Bir probleme farklı yollarla yaklaşırlar. Zihinlerinin birçok yaklaşımı göz önüne almasına izin verirler. Öte yandan dahi olmayanlar, bir probleme yaklaşmak için sadece bir iki yol düşünürler.

Adam evine telefon eder. Telefonu yabancı bir bayan açar. Adam karşısındaki sesi duyunca şaşırır. Bayana sorar:

'Sen kimsin?'

'Evin hizmetçisiyim.'

'İyi de bizim hizmetçimiz yok ki.'

'Evin hanımı beni bu sabah işe aldı.'

'Ha öyle mi? Ben de evin beyiyim. Hanımı çağırır mısın?'

'Hanımınız şu anda yatak odasında bir beyle birlikte. Ben evin beyi o sanmıştım.'

Adam şaşırır ve iyice sinirlenerek:

'Elli bin dolar kazanmak ister misin?'

'Tabii isterim.'

'İyi o zaman. Çekmecedeki silah al ve yukarı çıkıp o cadı ile sümsük herifi vur.'

'Önce ayak sesleri duyulur, arkasından iki el silah sesi.'

'Hizmetçi telefona geri gelir.'

'Öldürdüm efendim, cesetleri ne yapayım?'

'Onları havuza at'

'Ama burada havuz yok ki!'

Adam bir süre düşünür ve:

'Pardon, orası 816 14 66 değil mi?'

Siz siz olun, hemen sonuçlara atlamayın.

Dahilerin bir diğer özelliği ise, her seferinde sadece bir konu üzerine bütün dikkatlerini toplayabilmeleridir. Bir lazer ışının çeliği kesmesi gibi bütün zihinsel güçlerini bir konu üzerinde odaklayabilirler. Dahi olmayanlar ise, bir anda birçok şey yapmaya kalkışırlar, her şeye atlarlar. Çok nadiren konsantre olur ve başarı elde ederler. Kötü kararlar alırlar, çünkü yapacaklarını öncesinde iyi bir şekilde düşünmemişlerdir.

Bir gün adamın biri çölde giderken devesini kaybediyor. Adam perişan ve susuz bir biçimde ilerlerken bir galeri görüyor. Galeriye gidiyor, galeri sahibinden kaliteli deve istiyor. Deveyi alıp galeriden çıkarken adamın aklına bir şey geliyor ve sahibine dönerek soruyor:

'Bu deve nasıl gider?'

'Oh bee deyince gider.'

'Peki nasıl duruyor?'

'Allah'ım sen beni kurtar deyince duruyor.'

Adam deveyi alarak galeriden çıkıyor. 'Oh bee' diyerek yola koyuluyor. Belli bir süre gittikten sonra ileride bir uçurum görüyor. Deveyi nasıl durduracağını unutuyor. Deve tam uçurumun kenarına geldiğinde son anda adam:

'Allah'ım sen beni kurtar.' diyor.

Deve hemen duruyor. Ve arkasından adam

'Oh bee.' diyor.

Düşünmeden harekete geçmek, her başarısızlığın sebebidir. Bunun tersi de doğrudur. Yani, düşünüp harekete geçmek her başarının temelidir.

Bir otobüs dolusu politikacı seçim kampanyası için dolaşıyorlardı. Otobüs büyük bir çiftliğin yanından geçerken, şoförün dalgınlığı yüzünden derin bir şarampole uçtu. Çiftçi koşarak gelip gece kurda kuşa yem olmasınlar diye cesetleri gömmeye başladı. Ertesi sabah, şerif soruşturma için çiftliğe gelir ve çiftçiye sorar:

'Otobüsteki bütün politikacıları gömdün demek...
hepsi de ölüydü, eminsin değil mi?' Çiftçi cevap verir:

'Bazıları yaşadıklarını iddia ettiler ama politikacıların ne kadar yalancı olduğunu bilirsiniz.'

ÇARESİZLİK

Çaresizlik bir sıçrama tahtasıdır. Köşeye sıkıştığımızda başka çaremiz kalmadığında bir anda çözümler üretmeye başlarız.

Bir kurbağa yaralanmış ve toprak yoldaki ufak bir çukurun içinde kalmıştır. Bütün gayretine rağmen dışarı çıkamaz. Diğer kurbağalar da arkadaşlarını dışarı çıkartamazlar. İhtiyaçlarını karşılamak için su ve yiyecek getirirler. Birden bire bir ses duyulur ve yolda bir kamyon belirir. Kamyon kurbağanın olduğu çukura doğru ilerlemektedir. Kurbağalar etrafta çığlıklar atarak telaşla ve çaresizlikle zıplar durur. Kamyon tam çukurun içinden geçmek üzereyken, yaralı kurbağa zıplar ve çukurdan çıkmayı başarır. Arkadaşları şaşkınlıkla sorar; 'Hani çukurdan çıkamıyordun.' Yaralı kurbağa ise, 'Çıkmak zorundaydım, başka çarem yoktu.' der.

Çaresiz seniz, çare sizsiniz.

Bir şeyi yeterince istiyorsanız, bir yolunu bulursunuz. Güçlü arzularınız varsa, hiçbir problem sizi durduracak kadar büyük olamaz.

BİR SAVAŞÇI OLMALISINIZ

İnsanlar, geleneksel düşüncelerin ya da alışkanlıkların dışına çıkmaya zorlanır. Dünyadaki birçok buluş ilk tanıtıldığında, tepkiyle karşılanmıştı. Sizde yeni bir fikir bulduğunuzda, herkesin sizin gibi düşünmesini ya da sizi alkışlamasını beklemeyin. Bir savaşçı olmanız ve karşınıza çıkan engelleri aşmanız gerekecek. Bütün enerjinizi odaklayın ve düşüncenizi hayata geçirinceye kadar da durmayın.

Bunun en canlı şahidi ise tiyatrocu Yılmaz Erdoğan. Ferhan Şensoy'la birlikte en az yirmi kişinin "Senden tiyatrocu olmaz" dediğini belirten Erdoğan, özellikle beceriksiz delikanlı Mükremin karakterini yazarken bu lafı çok duyduğunu söylüyor.

Her bulduğunuz fikir işe yaramayacak ya da hayata geçirmeye çalıştığınızda engellerle ve insanların önyargılarıyla karşılaşacaksınız. Yapamayacağınız söyleyenler olacak. Bunların karşısında durabilmek için güçlü olmalısınız.

Hayatımızla ilgili yapabileceklerimiz, yaşayabileceklerimiz beni heyecanlandırıyor. Neden kendimizi belli kalıplar içinde sınırlayalım? Dünyadaki yedi milyar insanın aslında temel olarak birbirinden pek de farklı olmadığını görebilirsin. Farklı olan ya da farklı düşünebilen insanlar, sadece özgür bir zihinle kendilerini yaratıcılık konusunda serbest bırakabilenlerdir.

Neden herkesin düşündüğü ya da davrandığı gibi davranasın? Sen kendine ait, kendine has bir varlıksın ve dünyada senin eşin benzerin yok. Şimdiye kadar düşüncelerine vurduğun zincirleri kaldırıp at. Her şeyi yapmanın bir değil, birçok yolu var. Gel bunları keşfedelim, heyecan veren yolculuğu birlikte yaşayalım. İçindeki çocuk tekrar kıpır kıpır olsun. Sor ona, neler yapmak istiyor, nasıl yapmak istiyor? Geçmişte oluşturduğun ve seni sınırlayan düşüncelere hemen dönme. Her şeyi yeniden ele al. Hayalini düşünmek seni heyecanlandırıyor. Peki, neden yeni bir sayfa açıp onu elde etmek için neler yapabileceğini düşünmüyorsun?

Ailene daha iyi bir hayat sağlamak istiyorsun, onlar her şeyin en iyisine layıklar. Bu duyguyu yüreğinde ve boğazınızdaki düğümlerden hissediyorsun. Bunu yapabilirsin. Her şeyi yapmaya, bütün dünyayı karşına almaya hazırsın. Ama ne? Ne yapacaksın? Nasıl o layık oldukları hayatı vereceksin? İçindeki bu alev ve biraz da canını yakan arzuyla, sürekli nasıl diye sorarsan, cevabı sana gelecektir. Nasıl yapabileceğini bulduktan sonra, sahip olduğun enerji ve o içinde fırtınalar koparan hayallerin seni oraya götürecektir. Yapman gerekenleri sana yaptıracak o itici güce sahip olacaksın. Vizyonun, içinde yanan ateşle birleşerek, seni oraya son sürat giden bir lokomotif gibi önüne çıkan engelleri parçalayarak ulaştıracaktır.

Geçmişi Geride Bırakmak

Lisedeki bir öğretmen laboratuvara bir şişe süt ile gelir. Masasının tam köşesine herkesin görebileceği yere koyar. Öğrenciler süte bakıp dersle ne tür bir ilgisi olabileceğini merak eder. Birden bire öğretmen eliyle hızla iterek, süt dolu şişeyi lavobaya düşürüp şişeyi parçalar ve arkasından bağırır; 'Dökülen sütün arkasından ağlamayın!'.

Bütün öğrencileri, geriye kalanları görmeleri için lavobaya baktırır ve şunları söyler; 'İyi bakın, çünkü bu dersi hayatınızın sonuna kadar hatırlamanızı istiyorum. O süt gitti. Lavabodan aşağı gittiğini görüyorsunuz. Dünyadaki hiçbir yaygara ve telaş bir damlasını bile geri getirmeyecek. Biraz dikkat edilseydi kurtarılabilirdi. Ama artık çok geç. Yapabileceğimiz tek şey unutup, bir sonraki deneye geçmekti.

Üzülmek, yarının sıkıntısından bir şey eksiltmez, sadece bugünün gücünü tüketir.

Ne kadar adil olmasa da, kızgın da olsan, pişman da olsan, utanıyor da olsan, olumsuzluklar seni alt etmek istese de, birlikte olduğun kişi seni terk edip gitse de, hayatına devam etmelisin. Bir şeyi kaybettiğin zaman elbette kendini kötü hissedeceksin, canın yanacak. İşini kaybettiğinde ya da birlikteliğin sona erdiğinde üzüleceksin, dünyan kararacak ve kendini umutsuz hissettiğin anlar olacak. Ama bir noktadan sonra hayatına devam etmeye karar vermelisin. Kendine acımayı bırakmalısın.

İyi şeylerin seni beklediğine inanmalısın. Olumsuz duyguların seni olduğun yerde tutmasına izin verme. Hayat bir kapıyı, başka ve daha büyük bir kapıyı açmadan kapatmaz. Sürekli olarak, 'neler yapabilirdim, hangi okula girebilirdim, şöyle olsaydı, ilişkim devam ediyor olsaydı, şu yatırımı yapabilseydim, bu kadar zaman kaybetmeseydim.' diyerek vazgeçme. Dünün üzüntülerinin yarının umutlarını yok etmesine izin verme.

Dün gitti, yarın gelmeyebilir. Geçmişin gitmesine izin verirsen, bugünü beklentiyle yaşarsan, karşına çok farklı yollar çıkacak. Ama bunları karşılaman için devam etmen gerekiyor. Bugünü yaşaman gerekiyor. Birkaç hayal kırıklığının geleceğini mahvetmesine izin verme.

Feci baş ağrılarına ve acılara sebebiyet veren yanlış seçimler yapmış olabilirsiniz. Belki her şeyi berbat ettiğinizi, hayatınızı onarılmaz bir şekilde harap ettiğinizi düşünüyorsunuz. İflas eden bir işten veya başarısız bir ilişkiden dolayı kalbiniz kırılmış olabilir.

Yıllar boyu o acıyı beraberinizde taşımayın. Reddedilmenin içinizi kemirmesine, geleceğinizi zehirlemesine izin vermeyin. Tam bulunduğunuz yerden başlayın. Değiştiremeyeceklerinize değil, değiştirebileceklerinize odaklanın.

Biten bir şey için fazla bir şey yapamazsınız, ancak geride kalanlar için yapabileceğiniz çok şey vardır.

Hepimiz hata yapmaya devam edeceğiz. Hepimiz insanız, hiçbirimiz mükemmel değiliz. Kendimizi affetmeyi öğrenmeliyiz. Her şeyi düzeltemeyiz. Telafi edilemeyecek bir şeyi telafi etmeye çalışmayın. Silkinip kendinize gelin ve yolunuza devam edin.

Geçmişte tutsak olarak yaşamayın. Hataları, pişmanlıkları, hayal kırıklıkları ve yanlış seçimleri sırtınızda taşımayın. Evet, biliyorum, öyle olacağını bilseydin o yatırımı yapmazdın. Biraz daha araştırmış olsaydın, öyle bir işe girişmezdin ya da o fırsatı kaçırmazdın. Belki de bir yıl önce dolandırıldın ve paranı alamadın. Geçmiş ders almak için vardır, bugünümüzü zehir etmesi, karamsarlığa itmesi için değil.

Yerinde duran hayat değil, bizleriz.

Burhan Yörük

Bırak geçmiş geçmişte kalsın. Geçmişe sıkı sıkıya sarılırsan, zenginliğin hayatına girmesine izin vermeyeceksin.

Belki de ilişkinize her şeyinizi verdiniz, fedakârlık yaptınız, zamanınızı verdiniz, paranızı verdiniz, kendinizi adadınız, ama yürümedi ve onca zamanı boş yere harcadığınızı hissediyorsunuz. Bunun daha fazla hayatınızı alt üst etmesine izin vermeyin. Yaşamınıza devam edin. Hayatın sizin için başka bir planı var. O yeni başlangıca doğru gitmelisiniz. Hayatın nokta koyduğu yere soru işareti koymayın.

Birçoğumuz yanımızda kocaman bir bavul taşıyoruz. Çok ağırdır o bavul. O bavul geçmişin kötü deneyimlerini sakladığımız bavuldur. İlerlemek için çok çaba sarf etsek bile çok az mesafe kat edebiliyoruz. Birkaç adım attıktan sonra da durup bavulu açıp içinde nelerin olduğunu tekrar gözden geçiriyoruz. O acıları, o hayal kırıklıkları tekrar yaşıyoruzdur. Bazılarımız bu şekilde günlerimizi, bazılarımız haftalarımızı, bazılarımızsa yıllarımızı kaybettik. Sonra bavulu tekrar kapatıp ilerlemeye çalışıyor ve çok geçmeden tekrar durup bavulu açıp zaman kaybediyoruz.

Bazen işlerin neden yürümemiş olduğunu anlayamıyoruz. Anlamasak da güvenmemiz gerekir. Hayat gereğini yapacak, girmeniz gereken yol karşınıza çıkacak. Devam ederseniz, bu yolu bulabilirsiniz. Belki de planınıza fazlasıyla zaman, enerji ve para harcadınız ve kapının size kapandığını görüyorsunuz. Bunu geride bırakıp, sizin için daha iyi bir planın olduğuna güvenerek devam etmelisiniz. O anı, o günü en iyi şekilde değerlendirmelisiniz.

Her yeni gün yeni bir başlangıçtır. Her sabah yapmamız gereken o bavulu geride bırakmak, dünün hayal kırıklıklarını geride bırakmak. Bunu yapabilmenin en etkili yolu onlardan dersler çıkartıp gelecek için kendinize yeni hedefler belirlemektir. O bavulu belki bir anda elinizden bırakamayabilirsiniz. O zaman en azından içindeki ağırlıkların bazılarıyla vedalaşabilirsiniz.

Siz hangi ağırlıklarla vedalaşacaksınız?

Coşkunuzu Güçlendirin

Coşku inanılmaz bir şey, içinde öyle duygular vardır ki, kıpır kıpırsındır. İçin içine sığmaz. Yürüyüşünde bir ritim vardır. İçinde öyle bir güç vardır ki, etrafa kıvılcımlar saçarsın. Dünyayı fethetmeye hazırsındır. Ne istersen yapabilirsin. Kelimelere dökemezsin, tarif edemezsin. Ancak yaşayan bilir. Görenler farklı bir şeyler olduğunu sezer ve bir anlam vermeye çalışır. Metrelerce öteden dikkat çekersin. Bir güç, bir büyü, bir şeytan tüyü vardır sende. Adını ne koyarsan koy, ne dersen de. İnsanlar senin etrafında olmak ister. Sende özlem duydukları bir şey vardır. Coşkudur bunun adı.

Yerçekiminin senin üzerinde bir etkisi yoktur. Doğa kanunlarına aykırı hareket edersin. Kuşlar kadar özgürsündür.

Coşku bulaşıcıdır. Coşkunun olduğu yere gidin. Coşkulu insanlarla birlikte olun. Coşkulu kitaplar okuyun. Hayata biraz daha yakından bakın, hayatı yeniden keşfedin. Hayatı coşkusuz yapan insanlar. Coşku güneşin doğuşunda, soluduğumuz havada, yağan yağmurda, çiçeklerin kokusunda. Coşku her yerde.

Etrafınıza üç gün sonra bir daha hiç görmeyecekmiş gibi bakın. Üç gün sonra bir daha hiç duymayacakmış gibi dinleyin.

Böylece her zaman o işitip de duymadığımız ya da her zaman bakıp da göremediğimiz güzelliklerle karşılaşacaksınız.

Sadece yaşamayın, yüzünüze bir gülümseme getirin, tutkuyla ve coşkuyla yaşayın. Ufacık bir coşkuyla evinizdeki ve işyerinizdeki atmosferi değiştirebilirsiniz. Kendinizi bırakıp, nehrin akıntısına teslim olmayın. Başkalarının coşkusuzluğu sizin coşkunuzu söndürmesin. Coşku var olmanın neşesidir. Yani hayatta olmanız, neşe ve coşkuyla dolmanız için yeterlidir.

Coşkulu insanlar başarılı oldukları için mi coşkulular? Hayır, coşkulu oldukları için başarılılar. İmmanuel Kant'ın da bir zamanlar dediği gibi, 'Heyecan duyulmadan yapılan bir işte başarı sağlanamaz.'

Coşku, hayalini kurduğunuz başarının yakıtıdır. Size ihtiyacınız olan gücü verir. Zorlukları daha kolay göğüsler, daha kolay aşarsınız. Coşkunun olduğu yerde karamsarlık yoktur. Onun olduğu yerde her şey mümkündür. Coşku her türlü yetenek ve tecrübe eksikliğini telafi eder.

Coşku, zekâdan daha önemlidir.

Albert Einstein

Gülümseyin, hafif bir tebessümle bakın insanlara. Çoğunlukla onların da size gülümsediklerini fark edeceksiniz. Birisine iyilik yapacaksanız ya da hediye verecekseniz, bu coşku olsun. Coşkunuzu bulaştırın onlara.

Coşkuyla çalışmalısınız, işinizi sevmelisiniz. 'Ben işimi sevmiyorum! Oradaki insanları, işe gidip gelirken ki trafiği sevmiyorum.' diyor olabilirsiniz. Her işin zor tarafları var. İşinizi sevmiyorsanız, sorun işiniz değil de, siz olmayasınız?

Belki de işinize ya da hayata olan bakış açınızı biraz değiştirmelisiniz. İdeal bir işe sahip olmayabilirsiniz, ama şu anda istediğiniz işe sahip olamayacaksanız ya da bir süre daha orada çalışmaya devam etmeniz gerekiyorsa, işinizin olumlu taraflarını ve potansiyelini görmeye çalışın. İşinizi seveceğiniz bir yer haline getirin ve bir yandan da sizi istediğiniz yere götürecek planlar yapın. Geleceğe duyduğunuz heyecan size gereken coşkuyu verecektir.

Şehirde, yol kenarında sosisli sandviç satan adamın hikâyesini belki duymuşsunuzdur. Bu adam işini coşkuyla yapardı. Yola çıkarak büyük bir coşkuyla, geçenlere muhteşem bir sosisli sandviç isteyip istemediklerini sorardı. İnsanlar bu coşku karşısında hayır diyemezlerdi.

Coşkusu sayesinde işleri büyümeye başlar. Daha büyük malzeme temini için bağlantılar kurar. Hatta bir de fırın satın alır. Yol kenarına daha canlı ve büyük tabelalar yerleştirmek için reklâmcılarla görüşür.

Üniversiteden mezun olan oğlu, kendisine yardımcı olmak için yanına gelir. Oğlu babasının işini büyütmek için attığı adımlar karşısında şaşkına döner. 'Baba ne yaptığını zannediyorsun? Büyük bir krizin ortasında olduğumuzu bilmiyor musun? Birçok işyeri kapanıyor, piyasa felaket, sen işlerini büyütmeye kalkıyorsun.' diye çıkışır.

Babası da, 'Oğlum üniversiteye gitti. O daha bilgili, piyasayı benden daha iyi biliyor.' diye düşünür ve oğluna hak verir. Verdiği malzeme siparişlerinin miktarını azaltır. Yeni tabelaları yaptırmaktan vazgeçer. Coşkusunu kaybeder ve kapıda durup yoldan geçenlere sosisli sandviç teklif etmez olur. Satışları bir anda düşer. Daha sonra oğluna kendisini uyardığı için teşekkür eder. 'Haklıymışsın oğlum, kriz etkisini gösteriyor.' der

Sizin şevkinizi kimler kırıyor? Belki de tek amaçları sizi korumaktır. Belki de vizyonları sizin kadar geniş değildir.

Eğer hedeflerinize ulaşmak istiyorsanız, şu andaki işiniz ne olursa olsun, başlangıç noktanız yaptığınız işi en iyi şekilde yapmaktır.

Her şeyinizi verip coşkuyla yaşadığınızda fırsatlar karşınıza çıkacaktır. Çabalarınız işvereninizin gözünden kaçmayacaktır. Orada çalışmaktan mutlu olun. Dünyada çalışabilecek en iyi ya da tek işyeri gibi. Sadece işvereniniz değil, bir başkası da size geri çeviremeyeceğiniz bir teklif sunabilir.

Geçenlerde televizyonda çıkan haber, 'Pizzacıya 11,000 dolar bahşiş!' başlığıyla verildi. Eğitimine parasal sıkıntıdan dolayı ara verip bir pizzacıda çalışmak zorunda kalması genç kızın coşkusunu alıp götürebilirdi. Ama o gözlerindeki ışığı kaybetmedi. İşini severek yaptı, müşterileriyle içten bir şekilde ilgilendi ve günün birinde sürekli bir müşterisinden bir bahşiş aldı. Zarfı açtığında gözlerine inanamadı; 11,000 dolarlık bir çek ve bir not: 'Eğitimine devam edip üniversiteyi bitirebilirsin.'

Bazılarınız rutinlere girdiniz. Heyecanınız yok oldu. Coşkunuzu tekrar kazanın. 'Geçen yıl çok şey kaybettim.' diyorsanız, neden kalanlar için coşku duymuyorsunuz? Coşkunuzu kaybettiğinizde, elinizde başka ne kalır ki?

İflas ettiniz diye yıkılmayın. Hayatta yaşayabileceğiniz en büyük iflas coşkunuzu kaybetmektir.

Sabah uyandığınızda beklentiyle ve coşkuyla yataktan kalkmalısınız. Bugün hayatınızın döneceği gün olabilir. Hayatınızın insanıyla tanışacağınız gün olabilir. Gece oldu, ama beklentiniz gerçekleşmediyse, 'Mucizeye bir gün daha yaklaştım.' deyin.

Dikkat etmezseniz, en büyük düşmanlarınız olan endişe, şüphe ve korku zihninizi kemirmeye başlar. Yaşama sevincinizi ve coşkunuzu yok ederler. Başarı ve mutluluk yolunda onlara karşı savaşacaksınız. Onları tamamen yok edemezsiniz, orada olmaya devam edecekler. Ama onları kontrol altına alabilir, hayatınızı olumsuz etki eden baskın duygular olmaktan çıkartabilirsiniz.

Bu savaştaki en büyük silahınız coşku olacak. Coşkuyla onları dize getireceksiniz. Coşkuyla dolup taşarken, zihninizde ve yüreğinizde onlara fazla yer kalmayacak.

Şu anda içinde bulunduğunuz şartlar ne olursa olsun, önünüzde harika bir hayatın uzandığını bilseydiniz, endişe etmezdiniz, coşku duyardınız. Coşkuya sıkı sıkıya sarılın ve başka bir şey hakkında endişelenmeyin.

Korkularınız yüzünden acı çekiyorsanız, coşku sizi korkusuz ve tasasız bir insana dönüştürebilir.

Coşku varsa, endişe yoktur. Çünkü coşku varsa, üstesinden gelemeyeceğiniz hiçbir şey yoktur. Kendinizi coşkulu hissettiğiniz zamanlar en büyük problemlerin ve en çok çekindiğiniz sorunların üstüne gitmelisiniz.

Coşku, sorunlardan çok çözümlere ve fırsatlara odaklandığınız zaman gelişir. Hayatınız, sizin hayatı gördüğünüz gibi olacak.

Büyük bir çıkmazdan kurtulduğunuzda ya da bir engeli aştığınızda kendinizi güçlü hissedersiniz. Ayaklarınız yere basmaz, adeta mutluktan uçarsınız. Kader size bir oyun oynamıştır ve siz de ona meydan okumuşsunuzdur.

Çoşku bulaşıcıdır, ama olumsuzluk daha da bulaşıcıdır. Her zaman için en kötüsüne inanmak, en iyisini beklemekten daha kolaydır.

Enerjinizi, sizi ve fikirlerinizi aşağıya çeken insanlara harcamayın. Size doping yapacak mutlu ve pozitif insanlar bulun. Eğer başarıyı getirecek coşkuya sahip olmak istiyorsanız, olumlu, hayatı ve geleceğiyle heyecan duyan insanlarla birlikte olun.

Birisi 'Nasılsın?' diye sorduğunda cevabınız nedir? 'İdare eder.', 'Fena değil.', 'Havamda değilim.', 'Hiç sorma.' veya daha çok büyüklerimizin söylediği 'İyi diyelim iyi olalım.' mı? Büyüklerimizin bu sözünü bizzat söyleyerek olmasa da, bir ilke olarak benimsemeliyiz.

İyi olduğumuzu dile getirdiğimizde, kelimelerin gücünden faydalanırız. İnsanların size 'Nasılsın?' diye sorduklarına soracaklarına pişman etmeyin. Hayatınızdaki olumsuzlukları birbiri ardına sıralamayın.

Bunun yerine, neden 'Harika!', 'Çok iyi!', 'Mükemmel!', 'Daha iyi olamazdım!' demiyorsunuz? Neden coşkuyla cevap vermiyorsunuz?

Kendinizi iyi hissetmiyorsanız, coşkulu ve hayat doluymuş gibi davranın. Daha canlı ve hayatta hissederisiniz kendinizi. Yaptığınız iş sizi heyecanlandırıyormuş gibi davranın. Birkaç dakika içinde bu davranışlara paralel duyguları hissetmeye başlarsınız.

Coşkulu ve istekli bir şekilde hareket edin. Nasıl olmak istiyorsanız, öyle davranın. Davrandığınız insanı olacaksınız.

Her sabah uyandığınızda, gününüzün iyi ya da kötü geçeceği konusunda bir karar verirsiniz. Sabah kalktığınızda, o gün harika şeyler olacağını, hatta o günün hayatınızın en iyi günü olacağını düşünün. Güzel bir gün geçirmeye karar verin. Dünü unutun, bugünü coşkuyla kucaklayın. Yaşayacağınız coşku, düşündüklerinizi gerçeğe dönüştürecektir.

Güne coşkuyla hazırlanın. Sabah kalktığınızda, kendinizi bir kürek mahkûmu gibi hissetmeyi bırakın. Hayatınız için, işiniz için, kendiniz ve geleceğiniz için heyecan duyun. Dağınık bir şekilde evden çıkmayın. Görünüşünüze özen gösterin, her zaman en iyi halinizle evden çıkın.

Sabah işe giden insanların çoğu hallerinden pek memnun görünmüyor. Hayatlarıyla heyecan duymuyorlar. Ruhunuzu güçlendirin, güne coşkuyla başlayın.

Genelde dış görünüşümüzü güzelleştirmek için çaba sarf eder dururuz. Ama ihmal ettiğimiz daha önemli bir taraf vardır ki, o da iç güzelliğimiz, ruhumuzun güzelliği.

Hayatını ve kendini seven, güzel olduğunu düşünen insan daha da güzelleşir. Öte yandan kendinden ve hayatından hoşnut olmayan, güzel olduğunu düşünmeyen insan çirkinleşir. Esas güzellik ruhtadır. İnsana gerçek güzelliği veren ruhtur.

Dış görünüşü güzel insanlar görürüz. Ama onlarla tanışıp konuşmasanız bile, bir şeylerin eksik olduğunu hissedersiniz. Ya da biri dikkatinizi çekmiştir. Onunla tanışmak istemişsinizdir. Ama iki kelime konuştuktan sonra fikriniz değişmiştir. Eksik olan neydi? Eksik olan coşkuydu, eksik olan ruh güzelliğiydi. Öte yandan bazı insanlar vardır, bir şey söylemeseler bile coşkularını hissedersiniz. Kendilerinden ve hayatlarından hoşnutturlar. Onlarla tanışmak, onlarla birlikte olmak istersiniz.

Coşku duyduğunuzda, reddedilme korkusu yaşamazsınız. İnsanlarla daha rahat tanışır ve sohbet edersiniz. Hayatınızı ve kendinizi seversiniz. Kendinizle baş başa kalmaktan rahatsız olmazsınız. Kendi başınıza olduğunuz zamanlar da mutlusunuzdur. Çünkü siz özelsiniz ve önünüzde harika bir hayat var.

İnsanlarla ilişkilerimizde ne kadar reddedilme korkusu yaşadığımızı hiç düşündünüz mü? 'O beni reddetmeden ben onu reddedeyim.' deriz. Soğuk davranırız, kendimizi geri çekeriz. Eğer on arkadaşımız varsa, olabilecek en az yüz tanesini reddedileceğimiz korkusuyla başlamasına olanak vermeden biz kendimiz reddetmişizdir.

Karşı cinsle olan arkadaşlıklarımızla da aynı şey geçerli değil mi? Etrafımıza bir kalkan kurarız. Ondan sonra 'Kimseyle tanışamıyorum.', 'Doğru dürüst, karakterli bir adam kalmadı mı şu memlekette?' deriz ya da arkadaşlığı yanlış yerlerde ararız.

Hayatınızın insanının bir gün yanınıza gelip, 'Doğacak çocuklarımın annesi ya da babası olur musun?' demesini beklemeyin.

Önce gardınızı bir indirin, sevgiye açık olun. Hayatı soluyun, içinize derin derin çekin. Hayatınızın insanıyla tanışacağınızın beklentisini ve coşkusunu yaşayın. Onunla tanıştıktan sonra adeta, 'Nerede kaldın, niye geciktin?'

diye soracaksınız. Çünkü bir noktadan sonra onunla tanışacağınızı, mucizeye az kaldığını, mucizenin size yaklaştığını hissediyordunuz. Coşkusunu hissetmeye başlamıştınız ve onu gördüğünüzde 'Evet, işte o!' dediniz. Gelip geçmesine izin vermediniz, veremezdiniz. Çünkü zaten onu bekliyordunuz.

Coşkuya sahip olmadığınızda, hedefiniz daha üzerinde çalışmaya başlamadan çamura saplanır. Coşkuyla çalışmak ise mucizeler yaratır. Coşkunun yaratabileceği o büyük değişimin meyvelerini almanız için hareket halinde olmanız gerekir. Eğer coşkuyla birlikte istediklerinizin doğrultusunda çalışmıyorsanız, coşku tek başına size istediğiniz hayatı sunamaz. Coşku, bir hedef doğrultusunda ilerlerken o mucizeleri hayatınıza çeker.

Mağazalar zincirine sahip büyük bir şirket, bu zincirlerine yeni bir mağaza ilave etmek ister. Uygun bir yer beğenirler ve satın alırlar. Satın aldıkları yerin ortasında küçük bir dükkân vardır. İşini coşkuyla yapan dükkân sahibi yerini şirkete vermeyi kabul etmez. Bunun üzerine büyük şirket sahibi; 'Tamam o zaman, biz de o küçücük dükkânının etrafına dev bir alış veriş merkezini kurarız. Sen de arasında kaybolur gidersin.' der. Bu sözlere rağmen adam ikna olmaz. Küçücük dükkânı çevreleyen dev alışveriş merkezi sonunda tamamlanır. Nihayet açılış günü gelir. Dükkân sahibinin onlara bir sürprizi vardır. Küçük dükkânın yeni adı 'ANA GİRİŞ' olmuştur. İşlerin azalması beklenirken büyük bir patlama olur.

Derin bir coşkuya sahip olmak için geleceğin size heyecan vermesi gerekir. Yarına umutla bakmanızı sağlayan hayalleriniz ve hedefleriniz olmalı. Bu uğurda çalışıp günlük ilerlemeler kaydedip küçük başarılar elde etmelisiniz. Coşkuyu başarı kadar başka bir şey besleyemez ve yeterince coşkuyu hiçbir şey durduramaz.

Yapacağınız uzun ve zor bir yolculuğun ilk kilometresi heyecan vericidir. Başlangıçlar her zaman heyecan vermiştir. Son kilometre ya da hedefinize tam varmak üzere olduğunuzda da heyecan duyarsınız. Esas sizi yoran ve sıkıcı gelen aradaki kilometrelerdir. Özellikle nereden geldiğinizi ve nereye gittiğinizi göremediğiniz bu anlarda coşkunuzu korumalısınız.

Hemen şimdi, bundan sonraki hayatınız için heyecan ve coşku duymaya karar verin. Bu karar, sizi hayatta çok farklı yerlere taşıyabilir. Hayatın sayısız olanakları ve olasılıkları ile tanışmanızı sağlayabilir.

Ben olsam ne olur, olmasam ne olur! Demeyin. Siz çok şey ifade ediyorsunuz. Bir ağaç, ormanı başlatabilir. Bir kuş, ilkbaharı müjdeleyebilir. Bir tebessüm arkadaşlığı başlatabilir. Bir tokalaşma bir ruhu canlandırabilir. Bir kelime bir hedefi belirleyebilir. Bir oy bir milletin hayatını değiştirebilir. Bir gülüş, sıkıntıyı yok edebilir. Bir adım, bir yolculuğu başlatabilir. Bir umut ruhu aydınlatabilir. Bir dokunuş acıyı hafifletebilir. Bir kalp, neyin doğru olduğunu bilebilir. Bir tek insan bir fark meydana getirebilir. Unutmayın her şey size bağlı.

Belki, 'Coşkulu olmayı isterdim, ama benim yapım farklı, coşkulu bir insan değilim işte.' diyor olabilirsiniz. Diyelim ki, 2012 Londra Olimpiyatları'ndasınız. Aşağıya, başlama bloklarına bakıyorsunuz ve oğlunuz orada. Yıllarca çalıştı ve yarıştı. Akla gelebilecek her türlü zorluğu yendi. Her sabah saat beşte hazırlanması için kaldırıp yardım ettiniz. Kilometrelerce koştu, antrenman yaptı. Bütün engelleri aştı ve şimdi 2012 Londra Olimpiyatları'nda ülkemizi temsil ediyor.

Sıralanmaya başlayıp bloklara yerleşiyorlar ve tabanca patlıyor. Bütün dünyanın en iyi atletleri orada. Dünyanın en hızlı insanı olmak için yarışıyorlar. Siz sadece bir kişiye odaklandınız. O da sizin oğlunuz. Yarışın ortalarında üçüncü sırada. Yarışmanın son çeyreğinde hızını arttırıyor. Bir foto finişe benziyor, ama oğlunuz ileri eğilip ipi göğüslüyor.

Ve siz de orada oturup, 'Coşkulu bir insan olmayı isterdim.' diyorsunuz. Böyle bir şey olabilir mi? Havaya sıçrar, bağırıp attığınız çığlıklarla neredeyse ciğerleriniz dışarı fırlardı. Hoplar zıplardınız. Tanımadığınız insanları kucaklardınız, çıldırırdınız.

Herkes coşkuya sahip olabilir. Yeter ki kendisini coşturacak hayalleri ve hedefleri olsun.

Kayda değer hiçbir mücadele coşku olmadan kazanılamaz. Ne iş yapıyorsanız yapın, işinize bütün ruhunuzu katın. İşinizde coşku duyuyorsanız, korkacak bir şeyiniz yoktur. Sınırsız coşkuya sahip bir adam mutlaka şarıya ulaşır. Coşku dünyadaki en büyük varlıktır. Parayı ve gücü dize getirir.

Büyük başarılar yüksek seviyedeki coşkuyu takip eder. Coşkunuzu kaybetmediğiniz sürece yeni fırsatlar karşınıza çıkacaktır. Başarısızlıktan başarısızlığa koşsanız da, her durumda coşkunuzu koruyun. Sonunda başaracaksınız.

ÖZGÜR KURT

Çelimsiz ve aç bir kurt, soğuk bir günün sabahı köyün yakınlarında dolaşırken, besili ve karnını iyice doyurmuş bir köpekle karşılaştı.

'Söylesene dostum' dedi kurt, 'Nasıl böyle tom--
bul olabiliyorsun?'

'İnsanlar beni besliyorlar.' diye cevap verdi köpek.

'Hepsi bu kadar mı?' diye alaylı bir ifadeyle sordu kurt.

'İşin çok zor olmalı öyleyse.'

'Hayır.' dedi köpek. 'Yaptığım tek şey, geceleri bahçeyi beklemek.'

'Bunun için mi sana yemek veriyorlar?' dedi kurt.

'Eğer hepsi buysa ben de sana yoldaş olurum. Sen dışarıda yiyecek bulmanın ne demek olduğunu bilemezsin.'

'Sahibim şüphesiz seni de besler.' dedi köpek.

Kurt, köpeğin haline imrendi ve beraberce köpeğin bekçilik yaptığı yere doğru gittiler. Bahçeye girer girmez kurt, köpeğin boynundaki bir ize dikkat kesildi.

'Baksana dostum, boynundaki tüylere ne oldu?'

'Zincir tüylerimi döktü.' dedi köpek. 'Görüyorsun, günün ve gecenin büyük bir bölümünde ben zincirle kazığa bağlıyım.'

'O halde hoşça kal zavallı dostum.' dedi kurt ve hızla oradan uzaklaşmaya başladı. 'Fikrimi değiştirdim. Ben aç kalabilirim, ama zayıf ve özgür olmayı, şişman fakat esir olmaya tercih ederim.' diye de ekledi.

Asla Vazgeçmeyin

Bir kitabede, genç bir adam mağarada çok büyük bir hazinenin olduğunu öğrenir. Ama mağaranın girişinde kocaman bir kaya vardır. Alacakaranlıkta evinden çıkar, heyecanla, coşkuyla. Mağaranın girişine gider ve o kayayı itekler, itekler, güneş batana kadar, ama kaya kımıldamaz. Evine gider, dinlenir. Sabah alacakaranlıkta tekrar kalkar ve hazinenin olduğu mağaraya doğru yola koyulur. Heyecanlıdır, çünkü hazineyi gözünde canlandırabiliyordur. O kayayı itekler, itekler, itekler. Bunu üç yıl boyunca yapar, ama o kaya bir milim bile kımıldamaz. Akşam karanlığında evine dönerken sanki içinden bir parça kopup gitmişti, morali bozuktu. Artık tükenmiş ve yıpranmıştır. Her şeyden önemlisi, inancını yitirmeye başlamıştır.

Eve varır varmaz yatar. Sabah alacakaranlıkta aynı saatte kalkar. Bu saatte uyanmaya alışmıştır. Şöyle bir gözünü açar ve düşünür. Gitsem mi gitmesem mi? Kendini kötü hissediyordu. İçinde buruk bir his vardı.

Asla umutsuzluğa kapılmayın, kapılsanız bile umutsuzluk içinde dahi çalışmaya devam edin.

Eğer olsaydı, şimdiye kadar olurdu diye düşündü. Ama morali bozuk da olsa, içinde buruk bir his olsa da, inanmıyor da olsa, yine de üzerine düşeni yaptı; kalktı ve yola koyuldu.

O mağaranın girişine vardığında bir baktı ki, kaya kendiliğinden oynamış. Artık hazineye giden yol açıktı. İçeri girdi, gözlerine inanamadı; içerideki hazine hayal ettiğinin üç katı büyüğündeydi. Üç yıl boyunca bunun hayalini kurmuştu, bunun için çalışmıştı. Gözlerinden bir damla yaş aktı. Sevinmişti, ama bir yandan da anlam verememişti. 'Madem kendi açılacaktı, o zaman üç yılımı boşuna mı harcadım?' diye düşündü. İsyan etti; harcadığı emeğe ve zamana acıdı. O anda bir ses duydu:

'Şu kaslarına bakar mısın, şu kol kaslarına, şu omuz kaslarına, şu bacak kaslarına bakar mısın, ne kadar güçlendiğini görür müsün? Buna ihtiyacın vardı, güçlenmen gerekiyordu.'

Bazı şeyler kötü görünürken iyidir. Hayatta bazı şeyler yaşarsınız, neden yaşadığınıza bir anlam veremezsiniz. Ama bittikten sonra ona neden ihtiyacınız olduğunu anlarsınız.

Başarı öyle kucağınıza gökten inmeyecek. Altın tepside de sunulmayacak. Onu aramanız, onu kovalamanız gerekecek. Tam yakaladım dediğinizde, avuçlarınızın arasından kayacak. Çalışacaksınız, çabalayacaksınız, ter dökeceksiniz. Zorluklara ve başarısızlıklara göğüs germeniz gerekecek. Hayal kırıklıkları yaşayacaksınız.

Başarı zannedildiği kadar erken gelmeyecek. Gerçek başarı kimseye zamanından önce gelmemiştir, gelmeyecektir de. Bir gecede kazanıldığı zannedilen başarı aslında o kişinin yıllarını almıştır.

60'lık ünlü ressam, bir lokantaya girer. Gerçi cebinde parası yoktur ama aldırmaz. Lokantacıya yapacağı portresine karşılık yemek istediğini söyler. Güzelce karnını doyurur. Sonra bir çırpıda lokantacının portresini çizerek masaya bırakır. Kalkarken adam gelir, resme bakar, beğenir. "Güzel, ama" der lokantacı "Bir dakikada yaptınız bunu, oysa bir saattir yiyorsunuz". Ressamsa, "Bir dakika değil, 60 yıl ve bir dakika" diye karşılık verir.

Bazen, birden bire başarılı olan birisine bakarak, 'Ne kadar şanslı, şu dünyanın adaletine bak.' deriz. Ama döktükleri alın terini ve gözyaşını, yaşadıkları hayal kırıklıklarını, korkularla, zorluklarla, engellerle ve kendileriyle olan mücadelelerini görmeyiz. Defalarca engellere çarpıp, daha fazla direnmenin anlamsız olduğunu hissettikleri anları ve duygularıyla olan savaşlarını bilmeyiz.

Yola çıkmadan, neyle karşılaşırsanız karşılaşın, vazgeçmeyeceğinize karar vermelisiniz. Birçok engelle karsılaşacağınızı peşinen kabul etmelisiniz. Önceden kendinizi hazırlarsanız, yılmayıp mücadelenize devam edersiniz.

Belki bugün her şey çok parlak değil, inanmaktan başka bir çareniz yok. Yüreğinizdeki arzu ve inancın dışında sahip olduğunuz elle tutulur, gözle görülür bir şey yok. Şu aşamada belki tutunabilecek başka bir dalınız da yok.

Altını ateş test eder, güçlü adamları ise zorluklar.

Seneca

Yıllar önce genç bir adam kardeşiyle ürettikleri mobilyaları satmak üzere kamyonetleriyle Kayseri'den Ankara Sitelere geliyorlar. Tüm mallar ellerinde kalıyor, kimse yeni geliştirdikleri mobilyalarla ilgilenmiyor. Hayal kırıklığı yaşarken yağmur serpmeye başlıyor. Mobilyalar kamyonetlerin arkasında açık bir şekilde duruyor. Görüşmüş olduğu bir mağaza sahibine koşuyor, mobilyalarının durumunu açıklayıp en azından yağmur durana kadar onları depolarına koymak için izin istiyor. Ama karşıdaki kişiden onur kırıcı bir cevap alıyor. Mağaza sahibi hakaret ediyor.

Yağmur sağanak halinde yağmaya başlıyor. Bu genç adam kardeşiyle birlikte yağmur altında sırıl sıklım olmuş, kamyonetlerindeki mobilyaların mahvoluşunu izlerken, ellerini göğe doğru açmış ve 'Allah'ım sen bizi utandırma.' diyor. Ellerindeki sermayeyi de kaybederek memleketlerine dönmüşler.

Ankara'da yaşadıkları çok ağırına giden bu adam hedeflerini büyütmüş. Ulusal bir kanala bir televizyon reklâmı vermeye karar vermiş. Çevresindeki herkes ona karşı çıkmış. Ama o varını yoğunu ortaya koyarak ve de borçlanarak reklâm vermekte kararlıymış.

Vazgeçmesi için son ana kadar çevresinin yoğun baskılarına rağmen reklâm yayınlandı.

Sonra ne mi oldu?

Yeni geliştirdikleri ve kanepe diye adlandırdıkları mobilyanın reklâmından sonra, Türkiye'de bir talep patlaması yaşandı. Üretimlerini arttırdılar, yeni atölyeler satın aldılar. Yine de talepleri karşılamakta zorlanıyorlardı. Çok hızlı bir şekilde büyümeye devam ettiler.

Kimdi bu genç adam?

Aralarında İstikbal ve Bellona'nın da bunduğu şirketlerin kurucusu ve sahibi olan Hacı Boydak. Boydak Holding'de bugün 15,000 kişi çalışıyor.

Erken kalkan, geç yatan, kaybettiği mala yeniden kavuşur.

Yıllar önce işe İstanbul ve Ankara'da işportacılık yaparak başlayan Burhan Kayatürk, bugün Kimlik mağazalar zincirinin kurucusu ve sahibi.

Sabri Ülker, borçla un satarak başladı. Bugünse hepimizin evlerinde Ülker'in ürünleri var.

Hangi okulu okuduğunuz ya da ne iş yaptığınız önemli değil.

Önemli olan mücadele ruhuna sahip olmanız.

Bu insanlar başlangıçta sıkıntılar yaşarken, o günlerde, kim bugün bulundukları konuma gelebileceklerini tahmin edebilirdi? Siz de bilemezsiniz. Bugün ektiğiniz tohumların içinden nelerin çıkacağını, yarın hangi meyveleri vereceğini bilemezsiniz. Siz üzerinize düşeni yapın, sonuçlar üzerinde endişe duymayın. O tohumu en iyi şekilde ekmeye bakın, meyvesine karışmayın.

Büyük hayallerin büyük mücadeleleri vardır. Bu gerçeği değiştirmeye çalışmayın. Mücadele istemiyorsanız, televizyon izlemeye devam edin. Bu kitabı okurken her şeyi yapabileceğinizi hissediyorsunuz, ama her an kitap okuyor olmayacaksınız. Dışarıdayken, görüşmeler yaparken, başkalarından bir şey istemeniz ya da size rahatsızlık verecek şeyler yapmanız gerekirken, korku ve şüpheyle karşı karşıya kalacaksınız.

Yaşadığınız olumsuz tecrübelerin zihninizde ve yüreğinizde yeterince yaşamasına izin verirseniz, gerçek ve kalıcı bir probleme dönüşürler. Geçen hafta yaşadığınız tatsız bir olayı hala zihninizde döndürüp duruyorsanız, yaşadığınızdan daha olumsuz bir tablo yaratıyorsunuz. Kendinizi gerçek değerinizin altında görüyorsunuz.

Hemen sonuç alamasanız da, çalışmaya devam edebilmelisiniz. Zihninize karşı koymanız gereken zamanlar olacak. İki gün sonra zihniniz üzerinizde oyunlar oynayacak. İçinizden bir ses, 'Bak iki gün önce düşündüğün gibi gelişmiyor, hayatın aslında o kadar da kötü değil.' diyecek ve sizi amacınızdan vazgeçirmeye çalışacak. Ama yüreğinizdeki yanan o ateş bu düşüncelerden daha ağır basacak ve devam edebilecek gücü ve cesareti kendinizde bulacaksınız.

YÜREKTEN ARZULAYIN

Yürekten arzulamak her başarının başlangıç noktasıdır. Bugüne kadar, dilemenin başarı getirmeyeceğini yaşayarak öğrendik.

Nasıl başarılı olacağımızı hep merak eder, nerede olduğunu arar dururuz. Bunun için ne yapmamız gerektiği konusunda kitaplar okur ve uygulamaya çalışırız. Ama cevabı için çok uzağa bakmanıza gerek yok. O cevap sizin içinizde, kendi yüreğinizde. Yürekten arzuladıklarınız varsa, başka bir şeye ihtiyacınız yok. Bilmiyorsanız öğrenirsiniz, korkuyorsanız cesurca ilerlersiniz, engeller varsa parçalarsınız, çıkmazdaysanız yıkar geçersiniz. Arzu imkânsızı mümkün yapar.

Bir yol yaratabilirsiniz, bir yol yokmuş gibi görünürken.

Arzu imkânsız diye bir şey tanımaz, başarısızlığı kabul etmez. Bir doping etkisi yaratır. Size inanılmaz heyecan, enerji ve güç verir. Gözünüzden yaş getirir. Arzu sizi kalabalığın arasından çıkarır, yükseltir ve istediğiniz yere çok daha kısa bir sürede ulaştırır.

Geçici başarısızlıklardan başarılara taşır insanı. Türkiye'nin zirvesindeki birçok işletmesini adeta küllerin üzerine tekrar inşa ettiren arzuydu.

Futbolda eş güçte iki takım karşılaştığında, en fazla gurura sahip olan kazanır. Her şeye sahip olabilirsiniz; amaçlarınız, kişisel özellikleriniz, stratejileriniz. Gurura sahip değilseniz, kaybedersiniz. Gururunuz varsa, kazanırsınız. Siz gurura sahip misiniz? Her zaman arzuladıklarınızın arkasında mısınız?

Bir zamanlar büyük bir savaşçı vardı. Düşmanla savaşmak üzere bütün savaşçılarıyla birlikte gemilerle yola çıktı. Güçlü bir orduyla savaşacaklardı. Düşman ordusu sayıca ve mühimmatça kendilerinden çok daha güçlüydü. Savaş alanına vardıklarında, askerler ve mühimmatlar gemilerden indi. Komutan kendi gemilerinin ateşe verilmesini emretti. Gemiler savaşçıların gözü önünde alev alev yanıyordu. Komutan askerlerine döndü ve

'Başka şansımız yok. Ya kazanacağız ya da öleceğiz!' dedi.

Savaşı kazandılar.

Çok uzağa ya da geçmişe bakmaya gerek yok. Türkiye, Kurtuluş Savaşında düşman askerlerine, yaşlısı genci, kadını erkeği var güçleriyle çalışarak adeta taş ve sopalarla meydan okudular. Atatürk'ün **'Ya istiklal, ya ölüm!'** emri her şeyi özetliyor aslında.

Bir şeyler başarmak istiyorsanız, sizin de köprülerinizi ve gemilerinizi yakmanız gerekiyor. Geri dönme olasılığını ve başarmama ihtimalini ortadan kaldırmalısınız. Köprülerinizi yakın ve 'Geri gitme yok!' deyin.

Arzu, teorik olarak kazanmanız mümkün olmayan yerde kazanmanızı sağlar.

3,000 kişiye karşı 67 kişi!

Çanakkale`de Tabur komutanı şehit olunca, görev 28 yaşındaki Yahya Çavuş'a kalmıştı. Yahya Çavuş ve 66 arkadaşı düşmanla tam 48 saat çarpıştılar. Bulundukları nokta çok önemliydi ve burada düşmanı bir saniye oyalamak bile yüzlerce askerin ölmesini önleyebilirdi.

Düşman mevzileri o kadar yakındı ki, düşmanların yerlerini tespit etmemeleri için, yaralandıklarında, bacakları koptuğunda bağırmalarına bile izin yoktu. Yaralananların ağızlarına keçe verilirdi, dayanılması imkânsız acıyla onları ısırırlardı.

67 kişi, 3,000 kişiye 48 saat direndi. Teker teker hepsi de ölünceye kadar. Yahya Çavuş`un bedeni, kopan bacağına silahı sarılmış şekilde bulundu.

Düşman, büyük bir ordunun olduğunu sanıyordu o cephede. Ama son askerde ölüp, tepeye çıktıklarında 67 kişiyi görünce büyük bir sok yaşadılar.

3,000 kişi onların üzerine geldiğinde, onlar da pes edebilirdi. Ama bunu yapmadılar. Onlar zor olanı seçtiler. Çünkü kahraman olmak, zor olanı seçmek demektir. Destanları yazdıran şey, imkânsızlıklardır.

"Bir Türk Dünyaya Bedeldir!"

Belki de bu yüzden söylendi bu söz.

Ama öyle bir an gelir ki, dayanacak gücünün kalmadığını hissedersin. Korkarsın, kendini zayıf hissedersin. Bırakın mücadele etmeyi, yorganının altına girip saklanmak istersin. Kimseyle yüzleşmek istemezsin, kendinle bile. Hayallerine acı acı bakarsın. Ama sabah kalktığında, evden çıktığında içinde tekrar kıvılcımlar çakar. Sert bir rüzgârın esmesi gibi tekrar alevlenirsin. Tüylerin diken diken olur. Pes etmek ruhunda yok. Başarmak istiyorsun, bunun başka bir anlamı yok.

İki kurbağa bir kova kaymağa düştü. Dışarı çıkamadılar. Bir tanesi çabalamanın hiçbir anlamı yok dedi ve pes etti. Diğeri yüzündeki gözündeki kremleri silerek 'En azından bir süre yüzerim.' dedi. Bir an bile durmadı. Tekmeledi yüzdü, yüzdü ve tekmeledi. Daha sonra oluşan tereyağın üzerinden zıplayarak dışarı çıktı. Siz ne yapıyorsunuz? Tereyağı mı, yoksa kaymak içerisinde boğulmak mı üzeresiniz?

Bir insan kim olduğunu, elindekilerle ne yaptığı ile gösterir.

Büyük başarılar genellikle hayatımızdaki trajedileri takip eder. Bazılarımız fazla başarı sağlayamayan jenerasyonlardan geldik. Çalıştılar, çabaladılar, mücadele ettiler ama büyük bir başarı kazanamadılar. Şimdi sizin önünüzde bütün hayatınız var, bu geleneği kırma şansınız var. Başlangıçta hangi yeteneklere ve artılara sahip olduğunuz önemli değil, önemli olan içinizde yanan ateşiniz, yaşama sevinciniz. O ateşi söndürmezseniz, eksiklerinizi tamamlayabilirsiniz.

Başarmanız için mükemmel olmanız gerekmiyor. Sadece büyük bir kalbiniz olsun. Yürekli olun, cesaretli olun.

Yaşamaya karar verin, sadece var olmayın. Ne yaparsanız yapın, yüreğinizle yapın. Başarısız olmanız mümkün değil. O kadar az rekabet var ki! Yeterince arzuladığınızda, yapabileceklerinize şaşar kalırsınız.

Dünyada hiçbir şey azmin yerini tutamaz. Yetenek tutamaz, çünkü yeryüzünde en çok bulunan şey, yetenekli ve başarısız insanlardır. Deha da tutamaz, çünkü değeri bilinmemiş dahilerin hikayesi neredeyse insanlık tarihi kadar eskidir. Eğitim de tutamaz, çünkü dünya eğitimli fakat hiçbir işe yaramayan insanlarla doludur. Sadece, azmin ve kararlılığın sonsuz bir gücü vardır.

Calvin Coolidge

İşler iyi gittiğinde ya da başarının şafağında herkes aç kalabilir, herkes cesur davranabilir. Ama tünelin sonundaki ışığı görmeden, kaybederken savaşabilmek cesaret gerektirir. Başlamadan önce, neyle karşılaşılırsan karşılaş, vazgeçmemeye karar vermelisin. Hiçbir zaman başarısızlık olasılığını aklına getirme. Geçici zorlukları ve başarısızlıkları, sadece öğrenmenin diğer bir yolu olarak gör.

14. yüzyılda Moğol İmparatoru Cengiz Han'ın ordusu, bir savaş sonrası güçlü düşman ordusu tarafından dağıtıldı. Düşman askerleri bölgeyi kolaçan ederken, İm-

parator bir ahırda saklanıyordu. Kendini güçsüz ve çaresiz hissederken, bir karınca fark etti. Bu karınca, kendinden büyük bir mısır tanesini duvarın diğer tarafına taşımaya çalışıyordu. Karınca, mısır tanesini altmış dokuz kez yukarı çıkarmaya çalıştı ve altmış dokuz kez aşağı doğru düştü. Ancak yetmişinci denemesinde mısır tanesini karşı tarafa geçirmeyi başardı.

Bunu gören Cengiz Han, bağırarak ayağa fırladı. Vazgeçmeyeceğine yemin etti. Askerlerini toplayıp düşmanlarıyla tekrar savaştı ve kazandı. Daha sonra, imparatorluğunu dünyanın en büyük imparatorluklarından biri haline getirdi.

Hiçbir zaman vazgeçmeyen bir insanı yenmek çok zordur.

İnsanların yapamazsın dedikleri, kimseden destek görmediğin, mücadelende yalnız kaldığın, dayanmanın sonuç getirmeyeceğini düşündüğün zamanlar olacak. Tükendiğini hissettiğin, canının yandığı günler ve gözyaşları içerisinde uyuduğun geceler olacak. Hayatın yükünü omuzlarında hissettiğin, iyi bir anne ya da baba olamamaktan korktuğun zamanlar olacak. Hatalar yapacak, güvendiğin dağlara kar yağacak. Bütün veriler aleyhineyken ve elinde durumun daha iyiye gideceği yönünde hiçbir kanıt yokken ilerlemeye devam edeceksin.

2001 ekonomik krizinde, bankacılık sektöründe çalışan iki arkadaşım işten atıldı. Kendilerinden izin almadığım için isimlerini veremiyorum. Sonrasında, birçok engelle karşılaşıp hayal kırıklığı yaşadılar. Biri alkol almaya başlayıp diğer olumsuz düşünen işsiz arkadaşlarıyla telefonda sık sık görüşüyordu. Eşine ve çocuklarına agresif davranıyor evde televizyon seyrediyordu. Vazgeçmişti. Pes etmişti.

Diğeri ise devam ediyordu. Her gün gazeteleri kontrol ediyordu. En ufak bir iş fırsatını ya da görüşmesini değerlendiriyordu. 'Fazla eğitimlisin!', 'Sana göre işimiz yok!', 'Sen burada fazla kalmazsın!', 'Daha genç birisini arıyoruz.' Her gittiği kapı yüzüne kapandı. Eve geldiğinde kendini dayak yemiş gibi hissediyordu, ama toparlanıyordu. Kendini bırakmıyordu.

Suya düşünce değil, suda kalınca boğulursunuz.

Bir gün buluştuğumuzda gözyaşlarına boğuldu. Koca adam hüngür hüngür ağlıyordu. Teskin etmeye çalışmak için bir şeyler söyleyecekken, 'Ben iyiyim.' dedi, 'Birazdan geçer.' Zor durumdaydı, ama her şeyin üstesinden geleceğine inanıyordu. Siz de orada olsaydınız gözerinden tutkuyu hissedebilirdiniz.

En sonunda bir işverene, 'Benim yeteneklerimden faydalanabileceğini biliyorum. Bak evde sadece oturmak istemiyorum. Gönüllü olarak çalışmak istiyorum.'

'Tamam, ama benden bir şey bekleme.'

'Tamam, bir şey istemiyorum sadece çalışmak istiyorum.'

İşe işyerine herkesten erken gelip geç ayrıldı. Oranın en iyi çalışanıydı. Dört hafta sonra üst düzey bir yönetici işten ayrıldı. Yerinin doldurulması gerekiyordu. Bilin bakalım kimi seçtiler? O devam edip vazgeçmeyeni. Gönüllü çalışanı. Bu iki adamın farkı neydi?

Bir adam, 'Her şey bitti, mümkün değil, ben bittim, mahvoldum, yapamam.' dedi ve yelkenleri suya indirdi. Ard arda reddedilme yaşadı ve 'Dışarıda iş yok. Ben bir daha iş aramaya çıkmıyorum.' dedi.

Ama diğer adam, ekonominin durumuna ve gazetelerin yazdıklarına rağmen,

'Bu mümkün! Orada bir yerde birisi bana iş verebilir.' dedi. 'Bu mümkün!' diyerek devam etti.

Senin de karşına engeller çıkacak ve böyle anlarda vazgeçmek isteyeceksin.

Bir gecenin en karanlık vakti şafak sökmeden hemen öncedir.

Kazanmak için oyunda kalmalısınız. Başarmak demek sonunu getirmek demek. Bir yere sıkışıp kaldığınızda, bütün dünyanın size karşı olduğunu düşündüğünüzde, bir dakika daha dayanacak gücünüzün kalmadığını hissettiğinizde, asla vazgeçmeyin. Tam bulunduğunuz yer karabulutların dağılmaya başlayacağı yerdir. Akıntının tersine dönmeye ve suların yükselmeye başlayacağı andır.

Sıradan insanlar bir başarı abidesine dönüşebilirler, sadece çalışıp vazgeçmezlerse. Zeki olma konusuna takılmayın. Sıkı çalışmaya, sabıra ve kararlılığa güvenin. Her şeyi yapabilirsiniz, eğer yeterince peşinden giderseniz. Bütün gücünüzü ortaya koyun. Yapılabilecek her hatayı yaptıysanız da, denemeye devam edin. Kazanabilmenin tek yolu dayanabilmektir.

Çok istediğin bir şey beklediğin şekilde gelişmemiş olabilir. Belki de senin iyiliğin için olmadı. Hayat seni pişiriyor. Sen hazır olduğunda istediklerin hayatına girecek.

Eğer hayatın alt üst olmuş durumdaysa, belki de buna ihtiyacın vardı. İstediklerini tekrar gözden geçirmen ve gerçek bir karar vermen için burnunun biraz sürtülmesi gerekiyordu, belki de kendini aşağılanmış hissetmen gerekiyordu.

Sert bir yumruk yeyip yere yığıldığında, önünde iki seçeneğin olacak. Ya silkinip kendine gelecek, yüreğini ortaya koyacak ve daha önce hiç sarılmadığın, hiç saldırmadığın gibi hedeflerinin üstüne gidecek ya da yenilgiyi kabul edip pes edeceksin.

Hayat tek raunt değil. Yumruğu yeyip devrileceksin. Ayağa kalk ve devam et.

Gerçek başarı ne kadar yükseğe tırmandığınız değil, dibe vurduğunuzda ne kadar yükseğe sıçradığınızdır. Yenilgiyi kabul etmeyin. Karşınıza bir engel çıktığında, şöyle bir silkinin ve **'Ben senden daha güçlüyüm.'** deyin. Ona meydan okuyun. Azmin elinden hiçbir şey kurtulamaz.

Hedefinize vardığınızda, karşınızda belirecek o gök kuşağının renkleri öylesine canlı olacak ki! O anda gözyaşlarına boğulacaksınız, ama bunlar bu kez mutluluğun, azmin ve gururun gözyaşları olacak.

Sonunda azminizin zaferini yaşarken, bazı insanlar neler yaşadığınız ve nelerden geçtiğiniz konusunda en ufak bir fikirleri olmadığını ortaya çıkaran aptalca bir yorum yapacaklar. Belki 'Yapabildin, çünkü şunun avantajını iyi kullandın.', belki de 'Kısmetli adamsın ya da kadınsın.' diyecekler. Gösterdiğiniz cesaretin, çektiğiniz sıkıntıların, akan gözyaşlarınızın farkında olmayacaklar. Yaşadığınız duyguların derinliğini, aştığınız engellerin yüksekliğini bilmeyecekler. Başarınızın yüreğinizin tam ortasından geldiğini belki de hiçbir zaman bilemeyecekler.

Herkes senin aleyhinde bulunacaktır, herkes seni yolundan çevirmeye çalışacaktır. Fakat sen buna karşı direneceksin. Önüne sonsuz engeller de yığacaklardır. Kendini büyük değil, küçük, zayıf, araçsız, hiç sayarak, kimseden yardım gelmeyeceğine inanarak bu engelleri aşacaksın. Bundan sonra da sana büyük derlerse, bunu söyleyenlere güleceksin.

Mustafa Kemal Atatürk

UMUT

Küçük istavrit, yiyecek birşey sanıp hızla atıldı kancaya. Önce müthiş bir acı duydu dudağında, gümbür gümbür oldu yüreği. Sonra hızla çekildi yukarıya. Aslında hep merak etmişti denizlerin üstünü, neye benzerdi acep gökyüzü.

Bir yanda büyük bir merak, bir yanda ölüm korkusu. "Dudağı yarıklar" denir, şanslıdır onlar, hani görüp de gökyüzünü, insanı, oltadan son anda kurtulanlar.

Ne çare, balıkçının parmakları hoyratça kavradı onu; küçük istavrit anladı yolun sonu olduğunu; koca denizlere sığmazdı yüreği yüzerken. Oysa şimdi küçücük yeşil leğende, cansız uzanıvermiş dostlarına değiyordu minik yüzgeci.

İnsanlar gelip geçtiler önünden; bir kedi yalanarak baktı gözünün içine; yavaşça karardı dünya. Başı da dönüyordu

Son bir kez düşündü derin maviyi, beyaz mercanı bir de yeşil yosunu.

İşte tam o anda eğilip aldım onu; yürüdüm deniz kenarına; bir öpücük kondurdum başına. İki damla gözyaşından ibaret sade bir törenle saldım denizin sularına. Bir an öylece bakakaldı; sonra sevinçle dibe daldı gitti, tüm kederimi söküp atarak teşekkürü de ihmal etmemişti; birkaç değerli pulunu elime, avuçlarıma bırakarak.

Balıkçı ve kedi şaşkın baktılar yüzüme; sorar gibiydiler neden yaptın bunu diye. "Bir gün" dedim, "Bulursam kendimi yeşil leğendeki küçük istavrit kadar çaresiz, son ana kadar hep bir umudum olsun diye."

Minnettarlık

Hayat bir define avı değildir, hayatın kendisi definedir.

Anonim

Hayatınızda bulunan her şeyin değerini bilmelisiniz. Sevdiğiniz insanlar, sağlığınız, işiniz, sahip olduğunuz her şey için minnettar olmalısınız. Şu anda bulunduğunuz yerden hoşnut olmasanız bile, sizin yerinizde olmak isteyen milyonlarca insan var. Asgari ücret mi alıyorsunuz? İşsiz olan insanlar var. İşiniz mi yok, sokakta yaşayan insanlar var. Doğru dürüst ayakkabınız mı yok? Ayağı olmayan insanlar var. Hastalıktan ve ağrılardan mı şikâyetçisiniz? Şu anda ölümle pençeleşen insanlar var. Beş kilo fazlanız mı var? Yirmi kilo fazlası olan insanlar var. Çocuğunuz sizi çileden mi çıkarıyor, ödevlerini mi yapmıyor? Çocuğunu kaybeden insanlar var.

Bugün sorunun ne kadar büyük olursa olsun, başka birinin daha büyük bir sorunu, daha çetin bir yolculuğu ve daha acıtan bir hikâyesi vardır.

Konya'da çöken binadan günler sonra sağ olarak kurtulan kadının eşine, 'Bundan sonra ne yapacaksınız?' diye soruldu. Tereddüt etmeden cevapladı: 'Eşimle bundan sonra hayatı dolu dolu yaşayacağız.'

Dolu dolu yaşamak için ya da hayatımızla bir şeyler yapmaya karar vermek için illa 12 katlı bir binanın üzerimize mi çökmesi gerekiyor? Hayatımızın değerini anlamamız için ölümden mi dönmemiz gerekiyor? Sahip olduklarımızın değerini onları kaybettikten sonra ya da kaybetme tehlikesiyle karşı karşıya kaldığımız zaman mı anlamamız gerekiyor? Eşimizin kıymetini kapıyı vurup gittiğinde mi anlamamız gerekiyor? Hayatınızdakilerin değerinin farkına varmaya başlayın.

Dünya da 1,5 milyar insanın üzerini örtecek bir çatısı yok. 4,5 milyar insanın günlük geliri bir doların altında. Ülke olarak, kendimizi Amerika ve Batı Avrupa ülkeleriyle kıyaslarız sürekli olarak. Gitmek istediğimiz yönü belirlemek için gerekli olabilir. Ama her ne kadar şikâyet etsek de, ne kadar daha iyi durumda olabileceksek de, dünyadaki birçok ülkeye ve dünya nüfusunun büyük bir kısmına göre oldukça iyi durumdayız.

Eskiye göre daha iyi evlerde oturuyoruz. Daha iyi arabalar kullanıyor, daha çok kazanıyoruz. Her şey gerçekte daha iyiye gidiyor. Peki, neden daha mutsuzuz? Neden hiçbir şeyden zevk almıyoruz, neden bu kadar tatminsiziz? Neden şükretmiyoruz, sahip olduklarımızın farkına varamıyoruz?

Sahip olmadıklarımızın kaydını tutmak yerine, neden sahip olduklarımızın kaydını tutmuyoruz?

Birisine bir iyilik yaptınız. O ise size teşekkür etmedi, tam tersine memnun olmadı, daha fazlasını istedi, üstüne üstlük size kızdı, sizi suçladı. O kişiye bir daha yardımcı olmak ister miydiniz? Peki, sahip olduklarımızın kıymetini bilmezsek, sürekli yakınırsak, bize daha fazlasının verilebileceğini nasıl düşünebiliriz?

Belki de, 'Bu işe daha fazla dayanamıyorum. Patronumdan nefret ediyorum. Çalışmalarımı takdir etmiyorlar. İşyerindeki insanlarla geçinemiyorum.' diyorsunuz. Eğer işyerinde problem yaşıyorsanız, işiniz umurunuzda değilse ya da işinizi değiştirmeyi düşünüyorsanız, öncelikle bulunduğunuz yeri tekrar gözden geçirin. Karşıki tepe her zaman yeşil görünürmüş insana. İş değiştirmiş olan iki arkadaşım bundan pişmanlık duyuyor. Eski işlerini arıyorlar. Sizin de aynı durumu yaşayacağınızı söylemiyorum. Sadece, ne kadar mutsuz olsanız da, sizin yerinizde olmak isteyen milyonlarca insanın olduğunu unutmamak gerekiyor. İşinizin ya da sorumlu olduğunuz görevin bir basamak olduğunu düşünün. Şu anda bulunduğunuz yere düşünme alışkanlıklarınızla geldiğinizi ve uzun bir zamandır da bu yüzden bu seviyede kaldığınızı anlayın. İşinizin olumlu yönlerini görmeye çalışın.

Mutlu olman için saçının mükemmel olması mı gerekiyor? Daha kaç tane diyeti bitirmen gerekiyor? Ne kadar paranın olması gerekiyor? Hangi arabaya sahip olman gerekiyor? Yoksa tuttuğun takımın şampiyon olması mı gerekiyor? Ya beş yıl şampiyon olmazsa, o zaman ne olacak? Beş yılını mutsuz mu geçireceksin?

Ne zaman oturup gevşeyeceksin, hayatındakilerin keyfine varacaksın? Mutluluğun hep bir şeylere bağlı olarak mı kalacak? **Kendini iyi hissedebilmen için mutlaka bir şeylerin mi olması gerekiyor?** Hayatında var olanlar bunun için yeterli değil mi?

Neden sürekli kendine işkence edip duruyorsun, kendine nefes aldırmıyorsun? Biraz olsun sakinleş, hayatında yaşadığın karmaşanın ve koşuşturmanın içinden sıyrıl. Bir adım geri çekil, kendine ve hayatına daha geniş bir perspektiften bak.

Hayatının en önemli öğesi sensin. Dünya bir yana, sen bir yana. Önemli olan sensin, bankada kaç paran olduğu değil. Önemli olan sensin, yaşadığın ev, giydiğin kıyafetler değil. Sen olmazsan, hiçbir şeyin anlamı yok. Sen olmazsan, hiçbir şeyin değeri yok. Elinden gelenin en iyisini yapıyorsun. Gereken mücadeleyi veriyorsun ve vereceksin de. Ama kendinle mutlu ve barışık olmayı öğrenmelisin. Sen sen olduğun için, o anda elinden gelenin en iyisini yaptığın için.

Küçük kedi durmadan kuyruğunu kovalıyormuş. Yakalayamadıkça da sinirlenmiş, daha da hırsla atılmış. Bunu gören büyük kedi küçük kediye sormuş:

'Neden kuyruğunu yakalamak istiyorsun?'

Küçük kedi cevap vermiş:

'Bana kuyruğumu yakalarsam mutluluğu bulacağımı söylediler de ondan?'

Büyük kedi gülmüş ve demiş ki:

'Yıllar önce ben de senin gibiydim; kovaladım, kovaladım ama yakalayamadım. Bir gün kovalamaktan vazgeçtim ve yürümeye başladım. O benim peşimden geldi.'

Salonu genişletmek için çiftlik evindeki bir duvarı yıkmak isteyen yaşlı bir çiftçi, çekiçle işe başlar. Birkaç tuğla parçasını yerinden çıkardıktan sonra hareket eden bir nesneye takılır gözleri. Etrafını temizledikten sonra bunun bir kertenkele olduğunu anlar. Fakat kertenkele kaçamaz. Çünkü ayağından bir çiviyle tuğlaya çakılmıştır. Dikkatlice bakınca, tablo asmak için çakılmış bir çivinin kertenkeleyi duvara hapsettiğini görür. İşin garip tarafı, bu çivi oraya 3 - 4 yıl önce çakılmıştır. Nasıl olur da bir kertenkele o kadar süre tuğlanın içinde hareket etmeden yaşayabilir? Cevabı, bir süre bekledikten sonra görür yaşlı adam. Bir başka kertenkele ürkek tavırlarla, tuğlanın içinden ağzında kırıntılarla çıkagelir. Bir dost kertenkelenin taşıdığı yiyeceklerdir onu onca zamandır hayatta tutan.

Sorarım sizlere, biz mi daha insanız yoksa bu kertenkele mi?

Sahip olduklarınızı paylaşın. Paylaştıklarınızın maddi değeri önemli değil. Önemli olan kalpten verilmesidir.

Bir gün parkta otururken, sokaktan çöp toplayarak geçimini sağlayan gençler beni sofralarına davet ettiler. Peynir ekmek ikram ettiler. Oranın şeref misafiri gibi hissettim kendimi. Öte yandan başka bir davette, zenginlik içerisinde yediğim yemekte kendimi fazlalık gibi hissettim.

Korkmayın, etrafınıza kalkanlar kurup kendinizi korumaya çalışmayın. Hayata teslim edin kendinizi, hayatla bütünleşin. Korkarsanız, hayata güvenmezseniz, insanlarla paylaşmazsınız.

SİZDEN DAHA BÜYÜK BİR GÜCE GÜVENİN.

Dünyadaki milyarlarca karıncayı aç bırakmayan yaratıcı senin de ihtiyaçlarını karşılar. Üzerindeki endişeyi at. Tedirgin olmana gerek yok. Senden daha büyük bir güç sana göz kulak oluyor, senin doğru yolu bulmanı, hayatının zenginleşmesini istiyor ve fark etsen de etmesen de önüne fırsatları çıkartıyor. Senin ve evrenin yaratıcısı yanındayken, seni ne korkutabilir, sana ne endişe verebilir?

İki Gezgin Melek, geceyi geçirmek için oldukça varlıklı bir ailenin evinin kapısını çalmışlar. Aile, pek kaba bir üslupla, meleklere yatacak yer olarak koca malikânenin konuk odalarından birini vermek yerine, soğuk bodrumundaki küçük bir köşeyi göstermiş. Melekler buz gibi odanın soğuk ve sert zemininde kendilerine yatacak bir yer hazırlamaya çalışırken, Yaşlı Melek duvarda bir delik görmüş ve kalkıp deliği onarmaya girişmiş. Genç Melek, Yaşlı Meleğe bu hareketinin nedenini sorunca, Yaşlı Melek hafifçe gülümsemiş: 'Her şey, her zaman, göründüğü gibi değildir... '

Sabah malikâneden ayrılan melekler, gece bastırınca bir kez daha kalacak yer bulmak umuduyla, bu defa çok fakir bir çiftçi ailenin kapısını çalmışlar. Son derece misafirperver olan fakir karı koca, sofralarında ne var ne yoksa meleklerle paylaştıktan sonra, onlara rahatça uyumaları için kendi yataklarını vererek yanlarından ayrılmışlar. Sabah güneş doğduğunda, melekler zavallı karı kocayı gözyaşları içinde bulmuşlar. Yegâne geçim kaynakları olan tek inek tarlalarının ortasında cansız yatmaktaymış.

Genç Melek bu sefer iyice öfkelenerek Yaşlı Meleğe isyan etmiş: 'Bunun olmasına nasıl izin verebildin! O varlıklı kaba adamın her şeyi vardı, ama sen kalktın ona yine de yardım ettin. Bu iyi yürekli fakir ailenin ise, o tek inekten başka hiçbir şeyleri yoktu; buna rağmen onu bile paylaşmaya gönüllü oldular. Ama sen o ineği de yitirmelerine izin verdin! Bunun üzerine Yaşlı Melek, Genç Meleğe dönerek şu cevabı vermiş:

'Her şey, her zaman, göründüğü gibi değildir. O zengin malikânenin bodrumunda kaldığımız gece, duvardaki deliğin dibinde külçe külçe altın saklı olduğunu fark ettim. Malikânenin sahibi bu kadar açgözlü olduğu ve kendisine verilmiş şans sayesinde edindiği zenginliğin bir parçasını bile paylaşmaya yanaşmadığı için, ben de o deliği öyle bir kapatıp mühürledim ki artık arayıp bulsa da açamaz.' Ve devam etmiş:

'Sonra, dün gece biz çiftçi ailesinin yatağında uyurken, Ölüm Meleğinin o çiftçinin karısını almaya geldiğini gördüm. Ben de onun yerine Ölüm Meleğine ineği verdim.' Yaşlı Melek, gülümseyerek bir kez daha eklemiş: 'Her şey, her zaman, göründüğü gibi değildir.'

Bazen, işler istediğimiz gibi sonuçlanmadığında, aslında bizim de başımıza gelen tam da budur işte. Yapmanız gereken şey sadece, her sonucun her zaman sizin lehinize olduğuna güvenmektir. Bunun böyle olduğunu, ancak belirli bir zaman sonra öğrenebilecek olsanız bile.

Bazı şeyler kötü görünürken iyidir.

İstediklerine neden bir türlü ulaşamadığını anlayamasan da, güvenmelisin. Her şeyin sana bir sebeple ve sana bir şeyler katarak hayatını zenginleştirmek için yollandığına inanmalısın. Yaşadığın her bir zorluğun ardına gizlenmiş hazineyi bulmaya çalış.

Gezegenler ve güneş sistemleri mükemmel bir uyum içerisinde çalışıyor. Dünya kendi etrafında 24 saatte dönüyor. Güneş etrafında ise 365 gün 6 saatte dönüyor. 365 gün 7 saatte değil. Bizim güneş sistemimiz de galaksimiz ile birlikte dönüyor. Hepsini bir arada tutan ve bir saat gibi çalışmasını sağlayan bu muhteşem gücü hayal edebiliyor musunuz? İşte bu gücün koruması altındayız. Bu gücü yüreğinizde hissedin. Bu güç her zaman sizinle birlikte. Zorlukları bu gücün yardımıyla aşacaksınız, hayallerinize bu gücün yardımıyla ulaşacaksınız. Gücünüzün tükendiğini hissettiğinizde, bu güce dayanacaksınız. Yapabileceğiniz bir şey kalmadığında, eliniz kolunuz bağlandığında, çaresiz kaldığınızı hissettiğinizde, bu güçten yardım alacaksınız. Yaratıcı arkanızdayken karşınızda kim durabilir?

Endişe etmezseniz, hayatınız güzelleşir. Minnettar olan, gelecekten endişe etmez. Minnettar olan, gerçek zenginliğe sahiptir. Minnettarlık ruhu besler ve bir derinlik katar insana.

Hayatta nerede olursanız olun, sizin yerinizde olmak isteyen insanlar var. Kendinize acımayı, yakınıp sızlanmayı bırakın. Kendinizi bir kurban olarak görmekten vazgeçin.

Bütün gelişmeler, gerekli şartların bir araya gelmesiyle başlar. Sizin de daha fazlasına sahip olmanız için gereken şart, elinizdekilerin farkına varıp kıymetini bilmektir.

Minnettar olmadığınızda, başarılı olsanız bile ya da birçok kişinin hayallerini süslediği hayata sahip olsanız bile, içinizde kocaman bir boşluk hissedersiniz. Para, arkadaşlıklar, güç ve saygınlık bu boşluğu doldurmaya yetmez. Huzura hasret kalırsınız. Mutluluğu hep dışarıda ararsınız. Ama o her zaman kendi içinizde. Onu yanlış yerde aramayın.

Şükredin; müşterilerinize, işinize, kazancınıza, çevrenizdeki insanlara. Olmasını umduğunuz şeyler için de şimdiden şükredin. Her zaman beklenti içerisinde olun. Beklenti olunca, istisnai olarak insanlar ve kuruluşlar size yardımcı olur. Başkalarına yapılmayanlar size yapılır. Kendinizi bir hiç gibi hissederek ortalarda dolaşmayın. Yaratıcıyı arkanızda hissedin. Size özel avantajlar sunacaktır.

Bu dünyada milyarlarca insan yaşadı, adlarını bile bilmiyoruz. Birkaç günlüğüne buradasın. Ondan sonra gideceksin. Hayatın elinin altından kayıp gidiyor. Hayat kısa. Hayatını umutsuzluk içinde, kendine acıyarak ve şikâyet ederek geçirme. Elinden gelenin en iyisini yap ve hayata inan.

Yaratıcı, en iyi insanla tanışmanı, en iyi anlaşmayı yapmanı ve en iyi işe sahip olmanı istiyor. İnsanların sana yardımcı olmalarını ve sana iyi davranmalarını istiyor. Para kazanmanı, zengin olmanı istiyor. Her yönden zenginlik içerisinde yaşamanı istiyor. Yaratıcı, senin isteyebileceğinden daha fazlasını sana vermek istiyor. Ama bunu almaya hazır olmalısın, layık olduğuna inanmalısın, üzerine düşeni yapmalısın. Öylesine güzel yollarla sana yardımcı olacak ki! Bütün bunlar için şimdiden teşekkür et ve yardımlarını ara. Onunla hemfikir ol. İnanmaya ve güvenmeye devam et. İstemekten hiçbir zaman vazgeçme.

Kitap Siparişleriniz İçin: (312) 442 73 95

Cengiz Erşahin'in, yurt dışından ve Türkiye'nin dört bir tarafından konuşmalar yapmak üzere davetler almaktadır. Seminerlerine sadece son bir yıl içerisinde 183,000 kişi katılmıştır.

"Herkesin mutlaka izlemesi gereken bir seminer."
Murat Beybalta, Ankara İl Milli Eğitim Müdürü

Siz de, ilinizde ya da kurumunuzda Cengiz Erşahin'in bir seminerinin organize edilmesini istiyorsanız, bizimle temasa geçebilirsiniz.

www.cengizersahin.net

Cesaretinizi kaybettiğiniz zamanlar olmuşsa, varınızı yoğunuzu ortaya koymanızı gerektiren zorluklar yaşadıysanız, deneyip başarısız olduysanız, amansız hastalıklarla, sağlık sorunlarıyla boğuşuyorsanız, çölde kaybetmiş ve belki de aramaktan vazgeçmek üzere olduğunuz umutlarınıza bu kitap sayesinde tekrar kavuşacaksınız.

Kitabın birinci ve ikinci bölümlerini okuyun. Eğer hala umutlarınıza kavuşmayıp yaşamdan zevk almak için yepyeni bir güç ve istek kazanmadığınızı düşünüyorsanız, bu kitabı bir köşeye fırlatın gitsin. Çünkü bundan sonra da işinize yaramayacaktır.

Ali İsmet Koçak, Alarko – Carrier Satış Yöneticisi

İade Garantisi:

Bu kitabı okudunuz ve beğenmediyseniz, iade edebilir ve ödediğiniz ücreti yayınevimizden geri alabilirsiniz.

www.gerceksir.com

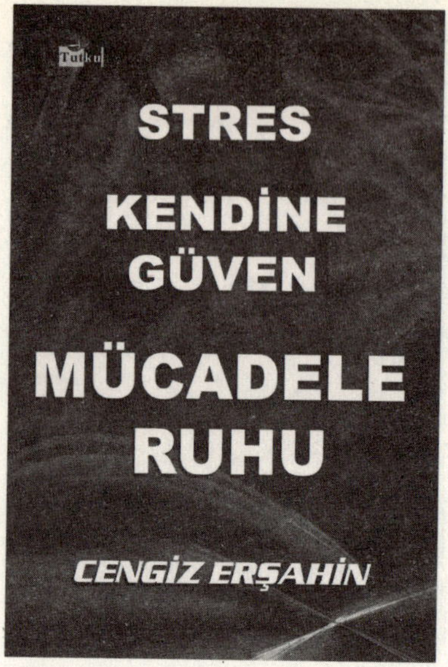

"Bir kitap insanı hem ağlatıp hem de kahkahalarla güldürebilir mi?
İşte bu öyle bir kitap."

Nefise Şahin – Konya

Okuduğum kitapların önemli yerlerinin altını çizerim. Ama kitabınızı bitirdiğimde yarısından fazlası çiziliydi. Her bir cümlesi anlam ve duygu yüklü.

Arzu Şahin – Trabzon

Kitabı tavsiye üzerine aldım. Şimdi ise elden ele dolaşıyor.

Sevgi Yaman – Ankara

Hayatımı geri dönüşü olmayan bir şekilde tahrip ettiğimi düşündüğüm bir anda kitabınız ilaç gibi geldi.

Poyraz Çelik – Mersin

İade Garantisi:

Bu kitabı okudunuz ve beğenmediyseniz, iade edebilir ve ödediğiniz ücreti yayınevimizden geri alabilirsiniz.